Sophie Reyer — Schreiben!

Sophie Reyer, geboren 1984 in Wien, ist freie Schriftstellerin, Autorin und Komponistin. Sie erhielt bereits zahlreiche Auszeichnungen, u.a. den Literaturförderungspreis der Stadt Graz (2007), den KUNO-Essaypreis (2013) und den Literaturpreis der Stadt Graz (2013). Promotion zum Thema „Performanz und Biomacht", Master of Arts in Komposition/Musiktheater, Diplom in Szenischem Schreiben und in „Drehbuch und Filmregie" an der Kunsthochschule für Medien in Köln. 2014 Uraufführung des Stücks „Anna und der Wulian" an der Badischen Landesbühne.
Bei K&N sind zuletzt *Susanne Wenger. Eine Biographie*, *Vezas Wege. Ein biographischer Roman* und *Stefan Zweig. Die Entfernung der Sterne* erschienen.
Informationen zu Sophie Reyers umfangreichem Werk unter: www.sophie-reyer.com.

Sophie Reyer

Schreiben!

Ein Leitfaden

Königshausen & Neumann

Bibliografische Information der Deutschen Nationalbibliothek

Die Deutsche Nationalbibliothek verzeichnet diese Publikation in der Deutschen Nationalbibliografie; detaillierte bibliografische Daten sind im Internet über http://dnb.d-nb.de abrufbar.

Gedruckt auf säurefreiem, alterungsbeständigem Papier
Umschlag: skh-softics / coverart
Umschlagabbildung: Laix Luth: Writing with a pencil; # t20-QoZ4By © twenty20.com

Printed in Germany

ISBN 978-3-8260-7195-9

www.koenigshausen-neumann.de

www.ebook.de
www.buchhandel.de
www.buchkatalog.de

Inhalt

Vorwort

Dieses Buch ist als praxiserprobter Leitfaden gedacht, der sich mit kreativen Schreib- und Theatertechniken und der damit einhergehenden Entwicklung und dem Wachstum der kindlichen Persönlichkeit befasst. Der Auseinandersetzung mit dieser Thematik liegt vor allem die Erfahrung zu Grunde, dass der Umgang mit Sprache, Klang und Kreativität heilsam sein kann. So wird das Erzählen von Märchen vor dem Einschlafen von vielen Kindern als eine besondere Form von Liebe und Zuwendung erfahren. Man denke nur an die Geschichten, die Eltern für ihre Kinder erfinden, wenn sie diese zu Bett bringen – und bei denen sie oft selbst einschlafen. Die von mir gesammelten und präsentierten kreativen Techniken sind für jede und jeden gedacht – denn Schmerz ist etwas, das alle Menschen betrifft.

Er wird nicht immer nur durch katastrophale Ereignisse wie Kindesmissbrauch und Gewalt verursacht. Auch Ereignisse, deren Konsequenzen oft verharmlost werden, können der Auslöser für eine bleibende seelische Beeinträchtigung sein – man denke hier nur an kleinere Autounfälle, medizinische Routineeingriffe, Trennung der Eltern, Verlust oder Tod eines geliebten Menschen und so weiter. Die Problematik liegt oft darin, dass diese Erfahrungen als normale Ereignisse abgetan und nicht genügend reflektiert werden.

In diesem Handbuch finden Sie zahlreiche Beispiele aus meiner Arbeit als Schreibpädagogin, in denen ich kreative Übungen und Techniken im Bereich des kreativen Schreibens, des Szenischen und des Musikalischen mit Fallbeispielen verbinden und so zeigen möchte, welche Rolle Schreibklassen bei der Unterstützung von Kindern, Jugendlichen und Erwachsenen spielen können. Dabei kommt der Kreativ-Arbeit die Rolle einer Art Verband zu: Ein

Verband heilt die Wunde nicht, dient aber dabei, sie zu schützen und setzt gleichzeitig die Selbstheilungskräfte in Gang. Die verschiedenen Kreativ-Anregungen und Textbeispiele, die in diesem Buch dokumentiert werden, eignen sich nicht nur für das Erkunden des eigenen kreativen Raumes, sondern helfen auch, psychische Probleme zu analysieren und zu kanalisieren. Abgesehen davon haben sie auch didaktischen Wert.

Einführungsteil

Das Bedürfnis, sich auszudrücken und künstlerisch darzustellen

In den letzten Jahren habe ich viel mit Menschen gearbeitet und festgestellt, dass das Bedürfnis, sich kreativ auszudrücken, also beispielsweise Geschichten zu erzählen und zu spielen, ein ursprünglich Menschliches ist. Schon alleine die Geschichte des Theaters beweist es. Denn erste Formen darstellerischen Spiels entwickelten sich schon in der Frühzeit der Zivilisation in Form von Tänzen unterschiedlichster Steinzeitkulturen. Quellen belegen, dass es im ägyptischen Abydos, also in der Zeit von 2000 bis 1500 vor Christus, religiöse Feste mit theatralen Elementen gegeben haben muss, lange bevor das klassische griechische Theater sich entwickelte.

Die Religionen aller Welt bedienen sich des Spiels in einer besonderen Weise: als rituelle Handlung. Von der Geburt bis in den Tod beschäftigen den Menschen Geburtsspiele in all ihren Variationen und Formen. Das Begräbnis an sich wird, wie Freud schreibt, in unterschiedlichsten theoretischen Arbeiten als eine Art Spektakel gelesen, bei dem „der Vorhang fällt" (das Grab zugeschaufelt wird). Auch den Tod kann man sich also gut über eine Inszenierung erklären. In „Jenseits des Lustprinzips" schrieb Freud auch über ein Kind, das durch wiederholtes Spiel lernte, sich das Verschwinden und Wiederkehren seiner Mutter zu erklären. In dem Kapitel „Traumatische Neurose und Kinderspiel als Wiederholung" analysiert Siegmund Freud einen kleinen Menschen, der die Eigenheit hat, kleine Gegenstände in Hohlräume wie Zimmerecken oder unter Betten zu schleudern und dabei ein lautes „o“ auszustoßen. Nach einiger Zeit begriff er, dass das Kind auf diese Art und Weise „Fort-Sein“ spielte. Diese Annahme bestätigte sich, als das Kind dieselbe Prozedur mit einer Spule und einem Bett wiederholte, in dem es die Spule immer wieder versteckte und dann erneut hervorzog um dabei ein lautes „o-o-o“ zu rufen. Dieser Vorgang ermöglichte es dem Kind, das Fortgehen der Mutter zu akzeptieren und verstehen. Ob das Wegwerfen der Spule als Racheakt gelesen werden kann bzw. soll, oder ob es um eine Aneignung von Macht („Schau, Mama, ich selbst schicke dich weg!“) geht, lässt der Begründer der Psychoanalyse hier jedoch offen.[1]

Spiel und künstlerischer Ausdruck sind also ein ursprünglich menschliches Bedürfnis. Die Kinder aller Völker spielen. Die Religionen aller Welt bedienen sich der Wirkung des Rituals. Das geht von der Geburt bis in den Tod. Das Begräbnis an sich kann als eine Art Spiel, bei dem der Vorhang fällt wie bei einer theatralen Inszenierung, das Grab zu geschaufelt wird, gesehen werden. Auch den Tod, wie wir eben gesehen haben, erklärt sich das Kind zunächst also höchstwahrscheinlich über eine Inszenierung. Ein kreativer Umgang hilft uns also, uns wieder mit unseren Wurzeln zu verbinden und über Verluste hinwegzusehen. Kreativität kann helfen, dass wir uns den Momenten des Verlustes und des Neubeginns aussetzen und mehr Freude und Begeisterung für das Leben empfinden. Und sie kann – ein Stück weit – vielleicht sogar heilen.

Im ersten Teil möchte ich den Begriff genauer definieren, sowie die unterschiedlichen Formen von Schreibklassen ein wenig er-

1 Vgl.: „Jenseits des Lustprinzips“: Sigmund Freud. In: „Gesammelte Werke“ Band 3, S. Fischer Verlag, Frankfurt 1987.

läutern und auf das Handwerk eingehen. Der zweite Abschnitt des Buches befasst sich mit möglichen Techniken und Formen für unterschiedliche Altersstufen, wobei die einzelnen konkreten Übungen durch Text- sowie Fallbeispiele aus meinem Arbeitsalltag illustriert werden sollen. Der Textteil, der mit „Wo?“ betitelt wurde, präsentiert einige Formen bereits existierender Schreibschulen und Modelle für unterschiedliche Altersklassen noch ein wenig konkreter. In einem letzten Kapitel möchte ich mich abschließend mit der Sinnhaftigkeit dieser Unterrichtsmethode auseinandersetzen.

Wie?

Unterschiedliche Formen der Schreibklasse

Ich habe in meinem Leben viele unterschiedliche Formate offener und geschlossener Schreibgruppen für alle möglichen Altersklassen geführt und konnte dabei einiges an Erfahrung sammeln. Was sich bewährt hat, sind sogenannte „Einzelworkshops“ oder auch „Kurse“. Das sind Veranstaltungen mit einer begrenzten Dauer, in der ich in Gruppen intensiv mit dem Thema des kreativen Schreibens arbeite.

Der Begriff

Der Begriff „Kreatives Schreiben“ kommt vom englischen „Creative Writing“ und hat seine Wurzeln in den USA, wo kreatives Schreiben an jeder Universität gelehrt wird. In Deutschland stieß dieses freie Schreiben zuerst auf Ablehnung. Das mag damit zusammenhängen, dass für viele noch der aus der Romantik stammende „Geniegedanke“ herrschte und herrscht. Literarisches Schreiben kann man doch nicht lernen! Nahm man lange Zeit im europäischen Raum an. Doch, man kann es genauso lernen wie das Bauen eines Hauses. Ein weiterer Grund mag sein, dass im deutschsprachigen Raum für viele Jahrhunderte eine feste Struktur der literarischen Gattungen das Handwerkszeug des Autors darstellte und das kreative Schreiben lange Zeit als zu beliebig galt – denn man nahm fälschlicherweise an, dass es bei dieser Praxis in erster Linie darum ginge, in den Fluss zu kommen. Wie will man das denn unterrichten, war die nicht unberechtigte Frage. Schöpferische Schreibtechniken gibt es jedoch seit dem Altertum; auch künstlerische Strömungen wie der Dadaismus und der Surrealismus entdeckten das Spiel mit Sprache, Bild und Klang und den wirklichen oder vermeintlichen Unsinn als Ausdrucksform- und das nicht nur fernab von Amerika, sondern auch noch vor dem Zweiten Weltkrieg. Aber erst im Gefolge der Reformprozesse der Hippie-Bewegung und im Kontext antiautoritärer Erziehung begann kreatives Schreiben nach und nach ein Teil der klassischen Pädagogik zu werden. In den USA waren es meist professionelle Schriftsteller, die zu Beginn der sechziger Jahre die Kurse entwickelten, während es in Deutschland und Österreich zunächst in erster Linie der persönlichen Entfaltung dienen sollte. Doch auch das hat sich geändert: Heute kann man das Studium „Sprachkunst“ an der Universität für Angewandte Kunst Wien belegen;

auch an der UdK in Berlin sowie am Literaturinstitut in Leipzig kann man inzwischen Autor „werden“.

Zum kreativen Schreiben gehören Techniken, die den Gedankenfluss in Gang bringen. Ein Beispiel wäre das automatisierte Schreiben, bei dem man einfach ungefiltert niederschreibt, was einem in den Sinn kommt. Dieser Vorgang lässt sich oft nicht so leicht vom kontrollierten Schreiben oder auch nur vom Brainstorming abgrenzen. Es gilt nur, sich ganz dem Moment auszusetzen.

Nun kann so eine Übung unterschiedliche Funktionen haben: Die erste ist: Sie macht Freude! Das klingt zwar einfach, aber Freude ist etwas, das die Basis von Lebendig-Sein ist. Auch viele AutorInnen schreiben, weil es in erster Linie Spaß macht und begeistert – und weil er dadurch neue Dinge über sich und die Welt entdeckt. Aber vor allem auch für Menschen, die an psychischen Problemen leiden, ist dieses Wiederentdecken der inneren Freude eine wichtige Tatsache, die die Chancen auf ein besseres und glücklicheres Leben enorm erhöhen kann.

Daher entwickelt sich schöpferisches Schreiben, wenn man es richtig betreibt, immer auch zu einem wichtigen therapeutischen Prozess. Nicht umsonst existiert die Formulierung, sich etwas „von der Seele schreiben“. Ein anderes Sprichwort lautet: Papier ist geduldig. Wut, Trauer, Angst oder sogar Hass kreativ umzusetzen, verletzt weder jemand anderen noch uns selbst – und jede Situation, an oder in der ein Mensch leidet, wird so zur Möglichkeit künstlerischen Ausdrucks. Dadurch kann der Schreibende seelischen Ballast loswerden und lernt gleichzeitig auch sich selbst besser kennen. Fruchtbar und heilsam kann auch die Distanz sein, die beim Aufschreiben gewisser Situationen entsteht:

Nicht selten sitzen die Schreibenden vor ihrem Ergebnis und fragen sich, ob das denn wirklich ihr Text ist. Ein Text kann – da wir ja auch in Sprache denken – also ein Wesentliches dazu beitragen, dass wir Erlebnisse und Erfahrungen verarbeiten, Verluste und Ängste überwinden und alle unsere Gefühle, die vielleicht weniger schön sind, in unseren Alltag integrieren können.

Regelmäßiges Schreiben holt das eigene Unbewusste in das Bewusstsein und hilft uns paradoxer Weise gleichzeitig, alles mit mehr Distanz zu betrachten. Die Gefühle oder Erlebnisse erscheinen zwar, werden aber gleichzeitig durch die Formulierungen in eine Form gebracht, sozusagen wie von einem Zauberer „gebannt".

Die Dauer

Die Kurse können je nach Altersklasse unterschiedlich lang dauern. Bei Kindern von sieben bis zwölf Jahren bietet sich eine Anzahl von ca. zwei Stunden – kurze Pausen sollten allerdings unbedingt eingelegt werden – an, während für Erwachsene gilt, dass sie die Kurse oft – rechnet man die längere Mittagspause nicht ein – bis zu sieben Stunden dauern und sich auch über mehrere Tage erstrecken können. Mit Jugendlichen zwischen zwölf und achtzehn Jahren arbeite ich gerne bis zu vier Stunden, auch mit kurzen und einer längeren Pause. Nach Einheiten von 30 bis maximal 60 Minuten sollte generell kurz abgebrochen werden, damit der Kopf ein wenig gelüftet werden kann.

Die Größe

Was die Gruppengröße betrifft, bietet sich eine Zahl zwischen vier und zwölf an. Mit zu kleinen Gruppen ist, vor allem bei Jugendlichen, die Situation oft angespannt, während zu große Gruppen oft zu einem Mangel an Konzentration führen. Ich habe beispielsweise auf der Kinderuniversität Wien mehrere Klassen mit bis zu vierzig Kindern erlebt, in denen nach einiger Zeit mit Tomaten und Gurken Ball gespielt wurde. Das hat sehr gut zum Thema gepasst, da wir Obst- und Gemüsegedichte verfasst haben, trotzdem war die Situation mehr als unentspannt. Besonders wild geht es meistens zu, wenn Geschwister in den Klassen sitzen, was hier der Fall war. Denn zwischen diesen herrscht eine andere Art von Lockerheit und Ungebundenheit als zwischen anderen Kindern.

Der grobe Ablauf

Jeder Kurs gliedert sich in Einheiten zu drei Teilen. Zunächst wird ein kreativer Text gezeigt, dann wird er in der Gruppe analysiert und als Impuls für eine Übung genommen. Danach folgt der stille Teil, in dem jeder/jede, angeregt durch die Vorgabe, eine eigene Arbeit verfasst. In der dritten Phase werden die Ergebnisse in der Gruppe präsentiert und diskutiert.

Der genaue Ablauf

1. Die Impulsphase

Was den genaueren Ablauf der Kurse angeht, so mache ich – abgesehen von der zeitlichen Begrenzung – ganz bewusst nur wenige Unterschied zwischen Kindern und Erwachsenen. Die Kurse laufen so ab, dass ich Textbeispiele mitbringe, vorlese oder herzeige oder auch sie in der Gruppe oder von einem/einer der Teilnehmenden vorlesen lasse. Dann erzähle ich ein bisschen etwas zu den jeweiligen Texten: An welche historischen Umstände sind sie gebunden, was wird erzählt – wenn erzählt wird – und vor allem, wie arbeitet die Sprache. Ist sie knapp gehalten, sind ganze Sätze zu sehen oder nur kurze Stichworte, ist es vielleicht ein Text für die Bühne, ein Dialog, wie sieht das Schriftbild aus?

Aber noch einmal ganz kurz zurück: Wenn ich vom kreativen Schreiben spreche, dann unterscheide ich gern zwischen zwei Bereichen: Das eine ist der spielerische Umgang mit Text an sich, das andere ist der Umgang mit Textkritik. Auch hier möchte ich diese beiden Themenfelder bewusst gegeneinander abgrenzen, weil sie ja auch unterschiedliche Phasen des Schreibens betreffen. Anbei ein paar kleine Regeln, die die Machart von „guten" und „schlechten" Texten betreffen. Wenn ich mit Kindern arbeite, versuche ich aber, diese Regeln sanft zu übermitteln. Meistens lobe ich den ersten Text, den sie vorlesen, für seinen Mut und werde erst nach und nach kritischer. Es ist wichtig, die unterschiedlichen Teilnehmenden gut zu kennen und ein Vertrauen entwickelt zu haben, bevor man beginnt, das Handwerkszeug intensiver zu schulen. Wenn ich mit Menschen mit Behinderung oder sehr kleinen Kindern arbeite, dann lasse ich jede Form von Handwerk weg. Hier geht es nur darum, den Menschen einen Raum zu geben, sich auszuleben.

Hohle Phrase

Also, der erste Bereich umfasst das Schreiben selbst: Oft werden Formulierungen verwendet, die nichtssagend und hohl sind. Darunter fallen Redewendungen, die der Situation nichts Individuelles oder Spannendes hinzufügen. Beispiele dafür sind: „das passt wie die Faust aufs Auge“, „dagegen war kein Kraut gewachsen“ oder: „jetzt ist wieder alles in Butter.“

Wertungen

Außerdem fehlt den Schreibenden oft noch der detaillierte Blick. Zustände werden eher „bewertet“, als wirklich erzählt. Nehmen wir den einfachen Satz „Ich hatte Angst“. Das Gefühl kann durch viel genauere, fast sezierende Blicke betrachtet werden, von den dabei entstehenden Körperfunktionen bis hin zu den psychischen Details: „Der Atem stockte. Meine Handflächen wurden feucht. Mir schossen rasch alle möglichen Bilder in den Kopf. Ich begann zu hecheln“ et cetera. Durch diese Techniken der Beobachtung gebe ich als Autor dem Leser einige Anhaltspunkte, die ihn selbst zu der Idee kommen lassen, dass die Figur sich fürchten könnte. Und Leser entdecken gern.

Satzbau & Schachtelketten

Ein weiterer Fehler betrifft die Syntax: Die Sätze sind oft zu lang, schwafeln, verzweigen sich sinnlos und weisen keinen klaren Rhythmus auf. Hier gilt die Devise: „Weg mit dem Speck!“.

Adjektiv-Ketten

Viele meiner Schüler, die erst beginnen, Texte zu verfassen, sind außerdem verliebt in Reihungen von Adjektiven. Das macht nur in einer besonders barocken Spracharbeit Sinn, Anfängern, die sich selbst erst entdecken müssen, würde ich solche Häufungen nicht empfehlen. In den meisten Fällen erschlagen sich Adjektive gegenseitig. („nass tränend“, „hell leuchtend“, „schnell hastend“ etc.).

2. Die Rückzugsphase

Nach der ersten Einheit, in der das Handwerkzeug präsentiert sowie ein meist literarischer Ausgangstext vorgelesen und von mir analysiert wurde, bitte ich die Teilnehmenden, diesen Text als Impuls zu nehmen und selbst etwas Eigenes zu schreiben. Ich fange meistens mit einfachen und kurzen Texten wie Elfchen oder Gedichten und leichten Vorgaben, z.B.: „Schreib ein Gedicht über dein Lieblingsobst, ein Tier, das du gerne wärst etc.“ an und werde im Laufe des Kurse komplexer. Das kann bis zu komplizierten und längeren Formen wie dem Sonett oder dem Anagramm gehen, je nach Begabung und Alter der Kinder oder Erwachsenen. Für Gedichte und Kurzformen gebe ich 30 Minuten, für längere Texte Kurzgeschichten oder ganze Theaterszenen, Filmszenen oder mehrseitige Romanauszüge bis zu einer, selten auch eineinhalb Stunden. Vor und nach diesen Einheiten mache ich, je nach Wunsch der Teilnehmenden, eine kurze Pause. Auch die Einheiten selbst halte ich flexibel, manchmal hänge, wenn ich sehe, einige Teilnehmende schreiben noch, auch mehrere Minuten an. Wichtig ist hier bei Leuten, die sich schwer tun, in den Fluss zu kommen, sie möglichst nicht unter Druck zu setzen. Ich gebe dann oft in einem kurzen Gespräch eine Idee, frage beispielsweise Kinder oder Jugendliche, welches Obst ihnen schmeckt, ob sie lieber grüne oder rote Äpfel haben, ob sie Apfelsaft mögen oder eher Apfelstrudel oder beides, ob sie jemals Apfeleis gegessen haben und so fort und bringe sie durch ein paar Fragen ungezwungen dazu, sich zu entspannen. Dabei tue ich so, als wäre das auch ein bisschen nebensächlich und auf jeden Fall keine Prüfung. Meistens nippe ich dabei an einem Wasserglas oder binde mir einen Schal um et cetera, damit die Situation vertraut und entspannt ist. Auch danach stehe ich für Fragen im Raum oder im Nebenzimmer bereit, beobachte die Teilnehmenden aber bewusst nicht, sondern lese oder schreibe selbst, sodass sich mein Zustand des In-sich-Gehens und der Stille ganz locker auf die anderen überträgt.

3. Die Feedback-Phase

Der zweite Bereich ist der, der die Textkritik und den Umgang mit Feedback auf die Texte, die nun von den Kursteilnehmenden entstehen und vorgetragen werden sollen, betrifft. Wenn ich mit einer Schreibklasse zu arbeiten beginne, dann muss schon zu Beginn klargestellt werden, dass in einer Kritikrunde nie einfach nur gewertet werden darf. Worte wie „gut“ oder „schlecht“ sollten vermieden werden. Es geht darum, analytisch zu beschreiben, was für Bilder, Gefühle, Ideen ein Text erzeugt. Bei Kindern bietet sich an, ihnen einfache Vergleiche als Analysemöglichkeit zu präsentieren. Anregend sind da Formulierungen wie: „Der Text hat die Farbe …", „Der Text riecht nach …" etc. Auch das ist freilich immer subjektiv, aber es ist viel differenzierter als die einfache Formulierung „Der Text ist gut".

Nach meiner Präsentation des literarischen Textes kommt es also zu einer ersten kurzen Feedback-Phase. Hier wird der von mir mitgebrachte Text in der Gruppe diskutiert. Wichtig ist mir zu wissen, was der Text bei den Teilnehmenden auslöst. Dabei habe ich zum einen immer meinen Monster-Ball, einen Ball mit dem Gesicht eines Monsters, der besonders Kinder faszinieren soll, mit, der dabei hilft, dass die Diskussionen nicht ausarten. Mein Monster-Ball ist nämlich ein magischer Ball, und nur der oder die, die ihn in der Hand hat, darf sprechen. Dabei ist es mir wichtig, dass wir einander zuhören, und auch, dass nicht gewertet wird. Spannend ist, dass unterschiedliche Menschen Texte ganz und gar unterschiedlich empfinden können. Während der Text für den einen rot leuchtet, ist er für die andere vielleicht eher grün oder orange. Manchmal habe ich auch beobachtet, wie sich eine ganze Gruppe von Leuten einig ist, dass dieser Text beispielsweise nur blau ist.

Was danach folgt ist eine Rückzugsphase, in der jeder der Teilnehmenden auf den Spuren des literarischen Ausgangstextes einen eigenen Text verfasst.

Danach erfolgt die sogenannte zweite Feedback-Phase. Auch in der zweiten, großen Feedback-Phase, also nachdem die Teilnehmenden ihren ersten Text auf Basis des Ausgangstextes geschrieben haben, werden diese in der Gruppe besprochen. Zunächst liest einer oder eine, freiwillig seine Arbeit vor. Dann darf jeder/jede sagen, wie diese Arbeit auf ihn/sie gewirkt hat, wobei wieder mein Monster zur Hilfe kommt und nicht geurteilt werden darf. Außerdem darf der/die Teilnehmende, der/die den Text geschrieben hat, sich nicht äußern. Ein Buch erklärt ja auch nicht, warum es so und nicht anders geschrieben wurde. Es löst etwas aus oder eben nicht. Dass die Kursteilnehmer das lernen, ist für mich am wichtigsten. Außerdem ist es mir ein Anliegen, dass jeder/jede der Gruppe zur Wort kommt, und auch alle Ideen gleich viel gelten. In der Kunst, in der Kreativität gibt es kein „besser" und „schlechter". Wir leben im Moment, drücken uns aus, erfahren etwas. Man kann das analysieren, kann Werkzeuge beibringen – und einen Text dann an den Vorgaben messen, sind diese Vorgaben erfüllt oder nicht erfüllt, aber nur, weil sie erfüllt sind, ist der Text noch nicht besser oder schlechter. So lernen die Teilnehmenden Hilfe zur Selbsthilfe.

Kurse und andere Formate

Viele der Kurse für Erwachsene halte ich auch am Wiener Institut für Schreibpädagogik des BOeS: In dem Kurs „Schreiben mit Kindern" beispielsweise werden kreative Zugänge zur Sprache für Kinder erarbeitet. Vom Apfel-Gedicht Reinhard Döhls über spielerisch aufgearbeitete literarische Beispielstexte bis hin zu längeren Erzählformen sollen unterschiedliche Gattungen und die Übermittlung derer an sehr junge und junge Menschen in kreativer Form erprobt werden.

In meiner regelmäßigen Schreibklasse im Dschungel Wien betreue ich regelmäßig junge Menschen und schreibe aufgrund der thematischen Vorgaben, die wir gemeinsam gefunden haben, ein Stück, das diese dann selbst auf die Bühne bringen und darstellen können.

Ein anderes Format ist die Textarbeit für Theater mit Jugendlichen, die ich teilweise in Kooperation mit dem Schlosstheater Maßbach aber auch mit dem Linzer Landestheater und anderen Institutionen gemeinsam durchführen konnte.

Ein weiteres Projekt, an dem ich teilhaben und im Rahmen dessen ich unterrichten durfte, ist das Projekt „Lebenswege". Die Redaktion der Literaturzeitschrift Lichtungen, für die ich seit vielen Jahren arbeite, wurde im Herbst 2013 erstmals eingeladen, als Literaturzeitschrift bei einem interessanten Projekt der Lebenshilfe Graz und Umgebung – Voitsberg mitzuarbeiten. Dabei handelt es sich um das bemerkenswerte Vorhaben der Lebenshilfe, Menschen mit Behinderung mit Literatur zu befassen. Unser Redaktionsteam und im Besonderen mein Chef Markus Jaroschka vertreten die Überzeugung, der Mensch in seinem Wesenskern mit seinen Hoffnungen, Wünschen und Fähigkeiten kommt zuerst und danach erst alle anderen der vielen Persönlichkeitsmerkmale und Beeinträchtigungen. Im Vorbereitungsgespräch ist die Idee entstanden, die Mitglieder der Schreibwerkstatt mit steirischen Autorinnen und Autoren zusammenzuführen. Ich hatte das Glück, im Jahre 2015 eine dieser Autorinnen zu sein. Daraus ist eine fruchtbare Begegnung entstanden, deren Ergebnisse immer wieder in der Literaturzeitschrift Lichtungen präsentiert werden.

Der erste Bereich ist der schriftstellerische, der kreative. Der zweite Bereich ist der, der die Textkritik und dem Umgang mit Feedback betrifft.

Keine Erklärungen

In meinen Klassen gilt außerdem folgende Regel: Jeder/Jede kritisiert jeden/jede. Der Schüler/Die Schülerin, um dessen/deren Text es geht, darf sich in diesen Feedback-Runden alle Kommentare anhören, soll aber das Gesagte nicht persönlich werten und den Text nicht verteidigen oder erklären. Denn ein Mensch, der einen Roman in der Hand hat, ist damit auch allein. Freilich reagieren unterschiedliche Lesende unterschiedlich auf Texte. Spannend sollte für den Schreibenden sein, ob und wie die Eigen- und Fremd-Wahrnehmungen auseinanderklaffen.

Keine Hierarchie

Als dritter Leitsatz gilt: Jedes Feedback in der Gruppe ist gleich wichtig. Ich als Lehrende habe nicht mehr Stellenwert als die anderen. Wir alle sind nämlich potenzielle Käufer und Leser. Daher präsentiere ich meine Kommentare zu einem Text auch immer zuletzt. So gebe ich den Schülern und Schülerinnen die Möglichkeit, eigenständig möglichst viele Aspekte zu entdecken, die verbessert werden können, bevor ich mit meiner Erfahrung komme. Meistens kann ich von meiner Kommentarliste immer mehr Bemerkungen streichen, je länger ich mit Schülern und Schülerinnen arbeite, weil sie nach und nach selbst erkennen, was funktioniert und was nicht. Das ist Hilfe zur Selbsthilfe, und die brauchen wir alle, denn mit dem Schreiben sind und bleiben wir letzten Endes allein. Und das macht es auch so spannend.

Hauptteil

In meiner Arbeit als Schreibpädagogin bin ich angehalten, immer wieder neue Impulsformen zu suchen und zu finden, um Menschen in einen Moment der Kreativität zu bringen. Dabei gehe ich sammelnd vor und lasse keinen der fünf Sinne außer Acht. Texte können genauso Ausgangspunkte für eine Textarbeit sein wie Gegenstände, Bilder, Filme, Farben, ja sogar Bewegungsarten. In den folgenden Kapiteln werde ich einige meiner Zugänge präsentieren und sie mit Fallbeispielen ergänzen, sodass eine Anbindung an den Moment klar wird.

Kreatives Schreiben

Der Begriff leitet sich von „creative writing“ ab; diese Bezeichnung tauchte erstmals Ende des 19. Jahrhunderts für die praktische Schreib-Erfahrung von Studierenden der Literaturwissenschaft an den Universitäten Auf. Kreatives Schreiben hat seine Wurzeln in den USA, wo es heute an jeder Universität gelehrt wird.

Diese Methode des Schreibens geht jedoch zurück auf die Antike. Bereits bei den Griechen und Römern und auch Ägyptern existierten unterschiedliche Formen von Schreibspielen, die später auch im Zeitalter den Barock weiter entwickelt wurden. Manche der Techniken fand ihren Niederschlag später auch in den avantgardistischen Bewegungen des Surrealismus und des Dadaismus. Im deutschsprachigen Raum stieß kreatives Schreiben lange Zeit auf Ablehnung. Das mag damit zusammen hängen, dass der Geniegedanke aus der Romantik die Universitätsgelehrten unterbewusst noch lange begleitete. Der Ansatz, dass man zum Schreiben geboren sein müsste, war lange Zeit akademischer Konsens. Erst nach und durch die pädagogischen, antiautoritären und antiformalistischen Ideen der 1968er-Bewegung begann kreatives Schreiben sich in der Pädagogik zu etablieren.

Parallel dazu wurde in den USA im Jahre 1974 die Jack Kerouac School von Chögyam Trungpa sowie den Beat Generation Poets Allen Ginsberg und Anne Waldman gegründet. Ziel dieser Ausbildung ist es, einerseits Schreibdisziplin zu vermitteln, die rückgebunden ist an literaturhistorische und kulturelle Bewusstheit in der Verwendung von Sprache und Literatur, und gleichzeitig auch Kommunikation über den Schreibprozess zu ermöglichen.

Grundsätzlich sind die Lehransätze im Bereich des Kreativen Schreibens vielfältig:

In Deutschland etwa hat Jürgen von Scheidt, erfahrener Autor, Psychologe und Schreiblehrer, eine neue Strömung mitbegründet, die sehr oft in der Poesietherapie eingesetzt wird. Hier ist die wichtigste Funktion des Schreibens der Selbstausdruck.

Auch Lutz von Werder – Autor, Soziologe, Philosoph – war ein wichtiger Pionier in der Schreibwerkstättenbewegung. In seinem Ansatz geht es stark um unterschiedliche Formen des Tagebuchschreibens.

Im Schulunterricht im deutschsprachigen Raum dominierte bis 1970 konventionelle Schreibdidaktik, doch seit damals gab und gibt es mehr und mehr Bestrebungen, das kreative Potenzial in den Kindern und Jugendlichen zu wecken. Es hat sich zum Glück in den letzten Jahren eine Offenheit sowie ein Methodenpluralismus etabliert, die uns hoffen lassen. In den USA waren es oft professionelle Schriftsteller, die die Kurse für Kreatives Schreiben entwickelten, mit dem Anspruch, Literatur zu verfassen, während es in Deutschland und Österreich ursprünglich in erster Linie der persönlichen Entfaltung diente. In Wien etablierte sich 1991 die

„Schule für Dichtung“ an der Angewandten Hochschule, an denen renommierte Autor/innen als Kursleiter/innen fungierten.

Kreatives Schreiben umfasst mehrere Bereiche: Zum einen das Schreib-Spiel, das rückgebunden wird durch Kombinatorik und Sprache als Regelwerk näher am literarischen Schreiben liegt, zum anderen aber auch das therapeutische Schreiben, der einen autobiographischen Zugang hat. Außerdem findet es seine Verankerung in der schulischen Schreibdidaktik. Aber auch abgesehen davon existiert die Praxis des kreativen Schreibens in unterschiedlichsten Bereichen wie der Werbung oder der Wissenschaft, wo kreative Ansätze als Erstimpulse verwendet werden.

Schreiben als Therapie

Ich selbst sehe mich in erster Linie als Mentorin. Insofern sind meine Schreibklassen darauf ausgerichtet, für Menschen ihr inneres Potential erfahrbar zu machen. Bei ernsthaften Traumatisierungen und psychischen Krankheiten sollte meiner Meinung nach ein geschulter Schreibtherapeut den Prozess begleiten. Wenn der Schreibende aber nicht unter erheblichen psychischen Schäden, wie z.B. in der Folge von sexuellem Missbrauch oder Kriegstraumatisierungen leidet, ist das nicht notwendig. Ich denke, dass kreatives Schreiben uns alle unterstützen kann, denn keiner von uns ist frei von Schmerzen, Verlusten und traurigen oder mit Wut aufgeladenen Episoden in seinem Leben. Insofern erscheint mir das schöpferische Schreiben wertvoll für jeden von uns. Die Wirklichkeit wird von uns zu einem großen Teil sprachlich wahr genommen und von unserem Gehirn verarbeitet Und schöpferisches Schreiben kann uns dabei helfen. Weiters aber kann kreatives Schreiben auch im Beruf oder im Alltag helfen: Geschäftsbriefe werden lebendiger, es verbessert die Verständigung mit anderen Menschen, da man in den Kursen auch lernt, einander zu kritisieren ohne sich zu verletzen.

Schreiben hat die Kraft, uns aus schwierigen Phasen zu befreien oder das Erlebte aus der Distanz zu betrachten und es zu verwandeln. Denn was aufs Papier gebracht wurde, ist auf gewisse Art und Weise gebannt: unsere Gedanken, negativen oder positiven Stimmungen und Gefühle. Später, wenn wir sie lesen, gelingt es uns vielleicht, zu akzeptieren, dass sie zu unserem Leben gehören. Irgendwann entwickeln sie sich dann vielleicht sogar zu einer spannenden Geschichte.

Ein weiterer Aspekt, den ich beim kreativen Schreiben für wichtig halte und der eine große therapeutische Funktion hat, ist das Freiwerden von Leistungsdruck. Denn Kreatives Schreiben läuft ohne Wertung ab. Es sind keine Vorkenntnisse oder besondere Begabungen notwendig; vielmehr müssen wir uns auf uns selbst und unsere eigenen in uns schlummernden Kräfte rückbesinnen und können ihnen durch künstlerische Prozesse nachspüren. Das einzige, was wir zunächst brauchen, ist Neugier. Auf spielerische Art und Weise können wir Facetten an uns kennen lernen, die zuvor noch im Verborgenen schlummerten. Ein weiterer therapeutischer Aspekt des Schreibens ist der, dass durch den Schreibprozess immer etwas Eigenes, Neues entsteht. Durch kreatives Schreiben können wir uns selbst auf wunderbare Art und Weise überraschen: Denn meist wird ein Text ganz anders, als wir vorher planten. In dieser Entwicklung wächst nicht nur der Text-auch wir selbst wachsen und durchleben Wandlungen, auch, wenn wir es vielleicht zunächst nicht merken. Ein Trauma zeichnet sich ja gerade dadurch aus, dass es durch Sprache zunächst nicht fassbar, weil verdrängt, ist.

Verletzte Menschenkönnen in erfundenen Geschichten ihre für sie unangenehmen Gefühle wie Hass, Wut und Trauer zulassen, und sie uneingeschränkt ausleben. Durch eine fiktive Figur können sie all das formulieren, was sie sonst nicht wagten auszusprechen. Neben der reinigenden Wirkung des schriftlichen Fixierens steigert das Produzieren von Texten oft den Selbstwert des Betroffenen, was nächste Schritte der Heilung ermöglicht.

Gleichzeitig hilft es, die Dinge zu fokussieren, ins richtige Licht zu rücken. Nach einem kreativen Schreibprozess hat der Schreibende seine Gefühle oder Gedanken, Bilder und Empfindungen schwarz auf weiß vor sich. Es entstehen ein Rahmen und eine Struktur, was enorm helfen kann, wenn im Gefühlsleben Chaos herrscht. Sprache ordnet die Dinge in Worte, Sätze, Sinnzusammenhänge. So kommt ein reflektierender Prozess in Gang, der sich selbst immer weiter spinnt: Ein Ausdruck folgt auf die Reflexion des Ausgedrückten und setzt wieder eine neue Reflexion in Gang- und so fort. Man kann also kreative Schreibübungen immer weiter entwickeln. Gleichzeitig aber kann man auch immer und überall beginnen. Inneren Bilder kommen durch Worte ans Tageslicht. Allein dadurch, dass der Schreibende sein Unbewusstes auf Begriffe bringt, fasst er es und fängt an, damit zu arbeiten.

Gleichzeitig haben Texte immer auch eine schützende Funktion: Zwischen dem Mentor, der Gruppe und dem Schreibenden ist das Papier, der Laptop oder zumindest das reine Wort. Dieses sollte aber nicht als Mauer, sondern als Kommunikationsmittel gesehen werden, das uns einerseits schützt, es uns andererseits aber auch ermöglicht, miteinander in Kontakt zu treten.

Krafttiere

Tiere haben Menschen von jeher beschäftigt. Bereits in der Steinzeit begann der Mensch, Tiere zu zähmen und zu benutzen. Aber auch Freundschaften zwischen Mensch und Tier hat es wahrscheinlich von Anbeginn der Zeit gegeben. Das Gilgamesch-Epos, eines der ältesten überlieferten Epen aus Babylon, berichtet von einer ganz besonderen Freundschaft zwischen Gilgamesch und dem biestartigen Wesen Enkidu. Eine besondere Ausprägungsform ist die des Krafttiers - eines inneres Tieres, das in der Vorstellung eines Menschen existiert und ihn stärkt und stützt.

Der Begriff

Die Idee des Krafttiers ist eine sehr alte. Vermutlich wurde sie von allen möglichen Naturvölkern rund um den Erdball praktiziert. Sicher ist, dass viele Menschen, die von sich behaupten, Schamanen zu sein, mit inneren Krafttieren arbeiten. Diese Tiere stehen unserem Unterbewusstsein nah. Sie sind „Archetypen“ und stehen für gewisse Ichanteile in uns. So kann ein Drache für verdrängte Wut stehen, aber auch für positive Eigenschaften wie inneres Feuer, schöpferische Kraft oder eine kämpferische,lustvolle Haltung dem Leben gegenüber. Nicht umsonst war und ist ja der Drache bei den Asiaten ein wichtiges Symbol für Fruchtbarkeit. Krafttiere können real existierende Tiere wie Hunde, Katzen, Vögel oder Mäuse, aber auch Fabelwesen sein- das Einhorn, der Phönix oder eben der Drache.

Kinder verstehen die Idee des Krafttiers oft besser als Pädagog/innen:

„Du sollst einen Elefanten zeichnen!“ meinte die Lehrerin zu einer Schülerin.

„Nein, einen *Elfen*fanten!“

Praktische Übungen

Meine Übung, in denen junge Menschen ihre inneren Krafttiere finden sollen, habe ich gemeinsam mit einem Team von Theaterpädagog/innen an der Badischen Landesbühne Bruchsal entwickeln können: Zuerst lasse ich die Kinder durch den Raum gehen, sich austoben und dann langsam zur Ruhe kommen. Hin und wieder bietet es sich auch an, mit Musik zu arbeiten. Nach einiger Zeit gebe ich, die ich mit selbst mitbewege, gewisse Bewegungsarten vor, wie etwa kriechen, tänzeln, laufen, liegen, langsam gehen, auf Fußsohlen gehen, und so fort. Dann, wenn ich das Gefühl habe, dass die Kinder es durch genügend Bewegung geschafft haben, sich im Folgenden auf eine Übung im Dialog zu konzentrieren, zähle ich ein paar Tiere auf und bitte die Kinder, sich entsprechend zu bewegen. Am Ende lasse ich jedes der Kinder sein inneres Tier finden. Dabei erkläre ich, dass diese Tiere real existierende Tiere oder aber auch Mischwesen sein können. Ich verrate dann eines meiner eigenen inneren Krafttiere, nämlich den Elfenfanten. Der Name alleine führt bei den Kindern meist zu lautem Gelächter.

Danach ist meistens eine kurze Erdungsübung sinnvoll, damit die Kinder wieder zur Ruhe kommen, denn die Stimmung hat sich durch die Bewegung und das kreative Loslassen im Geist durch imaginierte Vorstellungswelten gelockert und kann oft recht übermütig sein. Dazu bitte ich die Kinder, sich im Kreis aufzustellen und sich auf ihre Atmung zu konzentrieren. Dann schließen wir alle die Augen, und ich bitte sie, sich vorzustellen, dass sie Bäume wären, deren Äste leicht im Wind wehen, während die Füße sich in Wurzeln verwandeln, die die Kinder fest mit dem Boden verbinden.

In der nächsten Übung führe ich meistens meine Krafttiere - die Elfenfanten, die Glasschildkröten und die Hasendrachen - vor und erzähle den Kindern, was diese für Eigenschaften haben. Dabei benutze ich selbst gemalte Bilder, Musik, die ich gewissen Krafttieren zuordne und auch Gegenstände oder kurze Erzählungen, in denen die Tiere die Hauptrolle spielen.

Danach dürfen die Kinder ihre eigenen Krafttiere zeichnen und Steckbriefe zu ihnen verfassen.

In einer nächsten Übung lasse ich die Kinder ihre Krafttiere körperlich darstellen. Hier kann man variieren, kann eine oder mehrere Kinder - also Krafttiere - aufeinander treffen lassen, kann ihnen aber auch Vorgaben geben wie: „Was macht dein Tier, wenn es traurig ist?“ oder: „Wie lacht dein Tier?“. Gerade bei einer Improvisationsanleitung mit zwei oder mehreren Kindern kann es recht wild und bewegt zu gehen. In jedem Fall helfen all diese Übungen, dass die inneren Krafttiere an Kontur, Charakter und Eigenschaft gewinnen.

Methodisch-didaktisch

Das Spiel mit inneren Krafttieren soll dazu beitragen, sich selbst und seine versteckten Kräfte kennen zu lernen. Durch die verschiedenen Übungen des Schreibens, Zeichnens, aber auch des körperlichen Erfahrbarmachens und Spürbarwerdens werden die Gehirnhälften miteinander verbunden.

Therapeutisch

Auf spielerische Art und Weise können wir mittels der Krafttier-Übung Facetten an uns kennen lernen, die zuvor noch im Verborgenen schlummerten. Wichtig ist bei den Krafttieren vor allem auch der Steckbrief, der möglichst viele spannende und positive Eigenschaften erhalten soll. Die Kinder lernen über ihre Tiere, die ja Aspekte ihrer Persönlichkeit darstellen, sich mit all dem möglichen Schönen, das vielleicht noch unentdeckt in ihnen steckt, auseinander zu setzen. Gerade, wenn wir mit uns selbst unzufrieden sind, entstehen positive Imago davon, wie und was wir sein könnten. Die gemeinsame Diskussion in der Gruppe gibt dem Ganzen dann auch noch eine Verankerung in der Außenwelt.

Durch die Körperübungen wird außerdem Kraft kanalisiert und Ruhe wieder hergestellt.

Fallbeispiel: Hasendrachen heilen

In meiner Arbeit mit der badischen Landesbühne habe ich mit achtjährigen Kindern an meiner Figur des Wulian, eines Hasendrachen, gearbeitet. Dieser begleitet mich schon viele Jahre. So ist der Hasendrache Wulian der Idee entsprungen, eine Ying- Yang- Figur zu entwickeln, die zwei Seiten in sich vereint: das Kuschelige und das Beschützende, das Sanfte und das Feurige, die Erde und den Wind. Wulian und ich sind seitdem auf eine weite Reise gegangen. Das Theaterstück „Anna und der Wulian“ (S. Fischer, 2013) ist in

Kooperation mit der badischen Landesbühne entstanden, wurde dort 2014 uraufgeführt und gewann den „Nah- dran"- Preis für Kindertheater sowie eine Nominierung zu den Theatertagen in Heidelberg. Im Rahmen von Kursen mit dem Hebel-Gymnasium in Bruchsal war es mir während der Stückentwicklung von „Anna und der Wulian" möglich, die Ängste achtjähriger Kinder wieder neu und gefiltert zu erleben. Dabei erfuhr ich, dass Trennung und Patchwork-Situationen ein wichtiges Thema in der Erfahrungswelt junger Menschen darstellen.

Das ist auch der Grund, warum ich mich entschieden habe, diese Geschichte zu erzählen. Ich glaube nach dieser Kurs- Phase, in der ich achtjährige Menschen über ein Jahr lang begleiten und kennen lernen durfte, dass viele Kinder Trost brauchen und nach Möglichkeiten suchen, mit den Ängsten, die neue Situationen in ihnen hervor rufen, umzugehen. Das Format des Märchens oder auch der Fantasy bietet gute Möglichkeiten, Gefühle zu abstrahieren und zu katalysieren. Von jeher erzählten die Menschen ihren Kindern Geschichten, und halfen ihnen auf diese Weise, das Leben zu verstehen, Gefühle einzuordnen und Verluste zu überwinden.

Weiters habe ich die Erfahrung gemacht, dass viele junge Menschen das Fantasy- Genre sehr lieben – von Harry Potter bis hin zu Superman.

Aber nun noch ein paar Worte zu der Entwicklung meines Kinderbuches „Anna und der Wulian", 2015 bei der Edition Keiper erschienen. Doch die Reise endet hier noch nicht. Ich habe nämlich entdeckt, dass es nicht nur einen Wulian gibt, sondern eine ganze Familie. Diese hat mich zu meinem Kinderroman „Anna und die Wuliane" inspiriert.

Zum Inhalt: Eines Nachts hört Anna in ihrem Zimmer ein Fiepen. Ihre Angst ist enorm, doch sie fasst sich ein Herz und findet in einer Ecke Wulian. Der kleine Hasendrache ist traurig, weil seine Drachenkollegin Liane ihn von seinem Platz als Sternschlucker vertrieben hat. Anna beschließt, ihm zu helfen. Gemeinsam machen sie sich auf eine abenteuerliche Reise, an deren Ende Wulian sein Glück findet und Annas ihre Ängstlichkeit erfolgreich überwunden hat.

Was an Hasendrachen das Besondere ist: Hasendrachen sind besser als Hasen und auch als Drachen. Denn sie haben alle Gegensätze in sich vereint. Sie tragen Schuppen und Fell, können kämpfen und kuscheln, lieben und streiten, und sie können je nach Situation schnauben oder mümmeln. Diese Gegensätze werden auch in dem daraus entstandenen Lied zum Besten gegeben:

Wulian-, Liane- und Anna-Song:

Auf einer Schulter die Sonne,
Auf einer Schulter den Mond.
Es ist Sommer, wir wohnen
am Balkon.

Auf einem Auge das Wasser,
auf einem Auge den Schnee.
Es ist Winter, das Herz
tut weh.

Auf einer Zehe die Liebe,
auf einer Zehe die Wut.
Der Winter, hat eine geschrieben,
tut den Fischen gut.

Ein besonderes Kind war der kleine Patrick[2]. Ein richtiger ADHS-Kandidat. Er sprach immer als erstes und konnte nicht still sitzen. In seinem Text über das Krafttier erklärte er, dass sein Drache eine Furz- Kanone besitze und mit Furz- Antrieb fliegen würde. Weiters könne er sich riesig machen, eine Menge Schleim ausspucken und danach wieder klein werden und in all dem Schleim baden.

„Außerdem“, sagte Patrick, „beschützt mein Drache mich vor meinen Brüdern, die alle mit mir im Zimmer schlafen.“

Am letzten Arbeitstag meinte Patrick: „Eltern sind super, weil sie kleine Brüder machen!“ Es stellte sich heraus, dass er fünf Brüder hatte - jeden von einem anderen Vater.

Als ich über den Mond sprach, platzte er sofort heraus:

„Der Mond schmeckt nach Käse!“

Als ich ihn dafür lobte, war Patrick ganz erstaunt. Denn er hatte natürlich nicht aufgezeigt. Während der Schreibklasse begann er, zu blühen, zu lachen, sich in den Pausen wieder den Spielen mit den anderen Jungs anzuschließen und ruhiger zu werden.

Nur als er mein Lied hörte, war Patrick ein bisschen nachdenklich.

„Alles wandelt sich“, versuchte ich, ihm zu erklären. „Und wir Menschen müssen mit diesen Wandlungen in irgendeiner Weise umgehen. Aber die richtigen Dinge kommen auch immer wieder. So wie der Mond, der kleiner und größer wird.“

Patrick nickte.

„Der schmeckt immer noch nach Käse!“ fügte er dann hinzu.

2 Die Namen hier sind zum Schutz der Kinder und anderen Kursteilnehmer abgeändert.

Wortsalate: Soundpoesie

Klänge in Verbindung mit Worten gehen uns Menschen nahe. Nicht umsonst gibt es kaum etwas Intimeres, als ein von der eigenen Mutter vorgesungenes Schlaflied, das sich durch eine beruhigende Melodie und einen fließenden Text auszeichnet. Eine spezielle, sehr körperliche und gleichzeitig künstlerische Form ist hier die Lautpoesie. Sie wirkt - wie das Schlaflied - direkt auf unseren Körper und kann ihn dadurch in kreative Zustände versetzen.

Der Begriff

Das Musizieren im Rahmen von Schreibklassen ist mir ein großes Anliegen. Musik und Wort waren ja zunächst eine Einheit. „Lyrik" war also die erste Art, Sprache künstlerisch zu gestalten. Zu Beginn in Form von Gebeten - hier sind wir ganz nah bei der Suche nach Sinn, bei der Bitte um Hilfe - dann als von Klängen der Leier - daher auch der Begriff „Lyrik", der sich aus dem griechischen „Lyra" entwickelt hat - begleiteten Gesängen, die auch weltlichen Inhalt hatten. Doch erst zu Beginn des 21. Jahrhunderts haben Pioniere die Verbindung von Sprache und Musik in ihrer ursprünglichen Form wieder entdeckt.

Auf diesen Anfängen fußt die „Lautpoesie", die unter anderem von meinem Lehrer Henri Chopin, mit entwickelt wurde: Es ist eine Form von Poesie, die die Performance, den Moment, und vor allem das Klangliche, das Vorlesen, braucht. Frühformen dieser Gattung finden wir beispielsweise bei Christian Morgenstern. Die Soundpoesie oder auch Lautpoesie ist eine Gattung der modernen Lyrik, die auf inhaltliche Aussage verzichtet. Analog zur abstrakten Malerei versucht diese Gattung, die sich während des Dadaismus durch Autoren wie Hugo Ball entwickelt hat, die Sprache nicht in abbildender beziehungsweise inhaltlich-bezeichnender Funktion, sondern rein formal als Lautmaterial anzuwenden. Die Lyrik nähert sich dadurch konsequent – in dem Maße, in dem die Bedeutung des Wortes zurückweicht und der Sound in den Vordergrund tritt – stark der Musik an. Ich versuche daher oft, Wort und Klang in meinen Impulsübungen zu verbinden. Ein Übung, die sich dafür anbietet, ist der sogenannte „Wortsalat", indem mit Kindern ein einfacher Sprechchor entwickelt wird.

Praktische Übung

Für die Kinderkunstuniversität, die jeden Sommer in Kooperation mit der an der angewandten Wien und anderen öffentlichen Einrichtungen wie Museen oder Bibliotheken in Wien stattfindet, gab es im Jahre 2015 ein besonderes Format: In Kooperation mit „Ja! Natürlich" sollte das Thema „Obst" auf kreative und spielerische Art und Weise an Kinder von acht bis zehn Jahren übermittelt werden. Dabei habe ich die Übung „Wortsalat" entwickelt, die im Grunde eine sehr einfache ist und die sich vor allem mit großen Gruppen von Kindern ganz wunderbar umsetzen lässt.

Zuerst bespreche ich mit meinen Kindern das Gedicht „der Apfel" von Reinhard Döhl. Ich erzähle ein bisschen etwas über den Dadaismus, Bildgedichte und Lautgedichte, und bitte sie, den Wurm in der Abbildung zu finden. Dann lasse ich sie alle in einer 30minütigen Einheit Bildgedichte zu einer Obstsorte schreiben. Dieser Ausgangstext bietet sich an, weil er nur aus zwei Worten besteht „der Apfel" und „Wurm". Das ermöglicht den Kindern, bei der chorischen Übung, rhythmisch zu sein, denn ein Wort immer wieder zu wiederholen ist leichter, als ein Gedicht gegen einen Strom von anderen Gedichten zu lesen. Wenn aber wiederum einzelne kompliziertere Texte in der Gruppe vorhanden sind, dann bereichert das den Gesamtklang. Insofern ist „Der Apfel“ für mich eine ideale Impulsübung.

Nach dieser Einheit darf jeder seine Texte der Gruppe vorstellen und man spricht kurz über die Ergebnisse.

Danach beginnt der eigentlich spannende, nämlich der chorische Teil: Ich bitte die Kinder, sich im Kreis aufzustellen und lege mit ihnen ein paar Zeichen fest, die ich ihnen gebe: Wenn ich auf ein Kind zeige, bedeutet es, dass es beginnt, seinen Text zu lesen. Wenn ich meine Hände anhebe, dann heißt das, sie sollen lauter werden. Senke ich meine Hände, bedeutet das, sie sollen leiser werden. Wenn ich die Hände in einer raschen, schnittartigen Bewegung überkreuze, dann ist das das Zeichen für ein plötzliches „Stopp“. Meistens spreche ich zuerst ein wenig mit den Kindern mit, weil sie zu Beginn eher schüchtern sind, was das Vorlesen ihrer Texte betrifft. Manchmal sind es wirklich nur Salate, manchmal wird viel geschrien, dann wieder entstehen ganz sensible Momente.

Methodisch-didaktisch

Die Arbeit auf der zunächst visuellen und dann auf der sprachlich-klanglichen Ebene ermöglicht es den Kindern, beide Gehirnhälften – die begriffliche und die bildlich arbeitende – in Einklang zu bringen. Das Singen im Chor ist gleichzeitig eine gute Übung, bei der die Kursteilnehmer lernen, aufeinander zu hören und miteinander in Kommunikation zu treten.

Therapeutisch

Die Wortwurzel des Begriffes „Psyche" bedeutet interessanter Weise Atem, Hauch oder auch Seele. Dass der Atem viel mit unseren seelischen Zuständen zu tun hat, wird hier offensichtlich. Gemeinsames Singen im Chor wirkt ähnlich auf unseren Körper und unsere Psyche wie Yoga und andere Meditationstechniken. Das erscheint auch nicht verwunderlich, wenn man bedenkt, dass wir ja mit unserer Stimme singen und ein wesentlicher Teil dabei die Atmung ist. Auch beim Meditieren wird auf der Ebene des Atems gearbeitet, und das wiederum hat enorme Rückwirkung auf unsere Seele.

Wie Studien der Sahlgrenska Academy an der Universität Gothenburg zeigen, werden durch das Singen und Musizieren in der Gruppe die Bewegungen der Muskeln und Nervenaktivitäten in großen Teilen des Körpers synchronisiert. Man „atmet" und „pulsiert" dann gewissermaßen in der Gruppe und wird zu einer gemeinsamen Schwingung. Generell aktiviert der Moment des Ausatmens im Gehirn den sogenannten Vagus- Nerv. Wird dieser in Gang geschalten, sinkt die Herzfrequenz und das Herz schlägt ruhiger . Beim nächsten Einatmen steigt der Puls wieder an, und beim Ausatmen schwingt er wieder ab. Das gemeinsame Singen ist gesund für den Körper, da man dabei ruhig und gleichmäßig atmen muss. Nicht umsonst verlaufen in Yoga- und Meditationsübungen die Momente des Ausatmens länger als die des Einatmens, denn es geht darum, Kraft zu tanken, ruhiger zu werden.

Vor allem Lieder mit langen Sätzen und Koloraturen können also eine ähnliche Wirkung wie Atemübungen aus dem Yoga erzielen.

Exkurs: Henri Chopin

Ich selbst arbeite seit vielen Jahren mit Lautpoesie und Sprachklängen. Wichtig war für mich dabei die Begegnung mit dem bereits verstorbenen Pionier Henri Chopin, der diese Strömung begründet und mit entwickelt hat.

Ich lernte Henri Chopin bei einer Klasse der Schule für Dichtung zum Thema „poésie sonore" im Jahre 2004 kennen. Ich habe ihn im Jazzklub Porgy & Bess bei einem Liveauftritt erlebt, in all seiner Verletzlichkeit und Kraft. Die Liebe zur Phonetik: Rouge. Bis heute ist er für mich einer der wichtigsten Lehrer und Begleiter, auch wenn meine Begegnung mit ihm nur ein paar Tage dauerte. Was ich von ihm für mein eigenes Schaffen weitertragen möchte: Wachheit, Begeisterung, Experimentierfreude.

Henri Chopin erzählte uns, dass er im Krieg in Russland fast erfroren wäre. Einer der vermeintlichen Feinde, ein Russe, hatte ihn gerettet. Das Erlebnis hatte ihn, der so alt war wie ich damals, als ich ihn sprechen hörte, auf eine existenzielle Art und Weise geprägt. Menschlichkeit, das war es, was ihn in seinen weiteren künstlerischen Arbeiten beschäftigen würde. Vitalität, Kraft durch den Klang, der auf seine Strukturen hin untersucht, seziert und neu zusammen gestöpselt wird. Eine andere Form des kreativen Ausdrucks finden, die sich für eine Welt jenseits der vorgegebenen Machtstrukturen und Codes einsetzt.

Es war das erste Mal in meinem Leben, dass ich einem Menschen begegnete, der alt war, aber nicht alt. Ich begann, meine Konzepte neu zu überdenken, die Bilder, die ich mir von Menschen und Lebensläufen machte. Die Gesetze von Raum und Zeit schienen durcheinander gewirbelt zu werden. So sagte auch Henri Chopin über seine verstorbene Frau: „We have a dialogue until now. It is a dialogue from body to body. From voice to voice. I always talk to her, every day." Und, in seinem leicht gebrochenen Englisch fügte er hinzu: „It never stops"

Bruno Pisek, mein Lehrer und Mentor, hat mir Jahre später erzählt, dass Henri Chopin ruhig in seinem Bett eingeschlafen ist. Tod, das Wort schien mir damals nicht passend. Auch heute nicht. „Wir haben einen Dialog." Der Mensch, sagt Seami, einer der Begründer des No- Theaters, lebt kurz. Die Kunst bleibt. Das habe ich durch meine Arbeit mit Henri Chopin gelernt. Und eine Folgeerfahrung daraus war die: Kommunikation ist immer heilsam.

„Es hört nie auf". Das waren Henri Chopins liebste Worte. Sein Leitsatz: Weiter. Schreien. Klingen. Für ein menschlicheres Miteinander jenseits vorgegebener Dichotomien und Zuschreibungen, in denen Sprache nur Bedeutungen erzeugt und Effizienz steigert. Die Verweigerung von Sprache als Machtinstrument. Anhalten, hinhören, aufbrechen. Es ist eine Tradition, in der ich mich sehe. Was ich gelernt habe, davon möchte ich schreiben, schreien, singen und tönen, das möchte ich weiter geben. Denn in diesem Sinne bin ich derselben Meinung wie Ducasse: „Die Poesie muss von allen gemacht werden. Nicht von einem."[3]. Durch die Begegnung mit Henri Chopin habe ich mir immer wieder folgende Frage gestellt: Was kann Schrift, was gesprochene Sprache nicht kann? Um dieser Frage nachzugehen, muss man sich das Material der Schrift und ihr Verhältnis zur Sprache ansehen und diskutieren. Wie kommt für den Soundpoeten Henri Chopin Schrift

3 Vgl.: Isidore Ducasse: Das Gesamtwerk. Die Gesänge des Maldoror; Dichtungen (Poesies); Briefe. Rowohlt, Reinbek 1988.

zur gesprochenen Sprache? Durch den Einsatz von Stimme. Zwar gibt es auch Sprache ohne Schrift, doch diese ist gekennzeichnet durch Flüchtigkeit. Sie vergeht mit denen, die sie artikulieren. Die Schrift hingegen konserviert. Die Buchstaben garantieren den Erhalt der Sprache über das Ende der Sprachgemeinschaft hinaus. Dieser Aspekt wurde schon von wichtigen Denkern wie Platon - unter anderem in „Phaidros“ -diskutiert. Denn nicht zufällig wird diese auch Schrift genannt Henri Chopin ging es um eine Rückbesinnung auf diese Art der Flüchtigkeit. Seine Arbeiten erinnern an die tibetanischer Mönche, die wochen- und monatelang in mühsamster Haltung ein Mandala zum Wachsen bringen, Sandkorn für Sandkorn, um dieses dann wieder zu zerstören. In der Übung „Wortsalat“ soll beides zur Geltung kommen: die reine Schrift in Form der Bildgedichte,und in reiner Sprache, in Form eines Chores. Und gleichzeitig entsteht ein Gefühl der Gemeinschaft, denn einen Chor kann man nicht alleine zum Klingen bringen.

Fallbeispiel

Dass ich mit dem Gedicht „der Apfel“ bei dem Geschwisterpärchen Anna und Selina ins Fettnäpfchen getreten bin, konnte ich nicht wissen. Die beiden Mädchen waren von Anfang an auffällig und anstrengend, als ich meine Klasse an der Kinderuniversität am 17. Juli 2014 begann. Sie waren beide ständig vorlaut und ließen die anderen Kinder kaum zu Wort kommen. Während der stillen Schreibzeit stritten sie um Radiergummis, und als sie in der Pause mit den gesponserten Tomaten begannen, Ball zu spielen und das Papier, das ich mitgebracht hatte, zerrissen, wurde es mir zu bunt.

„Dafür stirbt ein Baum“, sagte ich wütend, auf das Papier deutend, „und was die Tomaten betrifft: wisst ihr eigentlich, wie viele Kinder hungern?“

Die beiden schweigen eine Weile.

„Ich will mein Obstgedicht nicht herzeigen“, sagte Selina später.

„Warum?“ fragte ich.

„Weil es dumm ist. Ich mag gar keine Äpfel.“

Ich betrachtete das zerrissene Blatt. Der Apfel war in Grau und Schwarz gehalten.

„Okay“, sagte ich, „musst du ja nicht.“

Da fügte die kleinere Schwester erklärend hinzu: „Mama hat mir vorgestern Apfelmus über den Kopf geleert.“

Ich nickte und verstand. Die beiden Mädchen waren schweigsam und traurig geworden.

Wir begannen in einer recht angespannten Atmosphäre mit der Chorübung. Aber kaum hatten wir begonnen, gemeinsam zu sprechen, änderte sich alles. Selina wiederholte rhythmisch und enthusiastisch die Worte, gefolgt von ihrer Schwester. Die beiden Mädchen hielten auf fast professionelle Art und Weise den Takt, wippten mit den Hüften, und wenn ich deutete, sie sollten lauter werden, schrien sie mir regelrecht all ihre Wut entgegen, die sie in diese Klasse mitgebracht hatten. Der Chor hatte ihr Herz erobert. In der chorischen Übung hatten sie sich austoben können.

Elfchen: Klare Formen helfen ordnen

Von jeher war es den Menschen wichtig, Momente einzufangen. Frühe Gedichtformen wie etwa das „Haiku“ im Japanischen zeigen uns, wie groß die Sehnsucht des Menschen schon immer war, eine Situation in wenige, aber ausdrucksstarke und klare Worte zu gießen. Klare Formen helfen uns, zu ordnen. Gleichzeitig können sie einzelne Augenblicke einfangen und für die Ewigkeit einfrieren. Sie sind wie Fotographien, sie rahmen die Zeit ein und geben gleichzeitig Raum, darüber hinaus zu wachsen.

Der Begriff

Ich habe die Erfahrung gemacht, dass viele Menschen - nicht nur Kinder sondern auch Erwachsene- klare und einfache Formen brauchen, um in einen kreativen Fluss zu kommen. Besonders bietet sich hier als Übung das sogenannte „Elfchen“ an. Ziel des Elfchens ist, die Schüler/innen über das eigene Dichten sowohl zu Kreativität als auch zu Mitteilsamkeit anzuregen. Nebenbei wird in spielerischer Weise auch das Einhalten von Regeln vermittelt. Die Struktur ist klar. Das Elfchen besteht aus elf Wörtern, die in festgelegter Folge auf fünf Zeilen verteilt werden: In der ersten Zeile steht ein Wort, in der zweiten zwei, in der dritten drei und in der vierten vier Worte. Für jede Zeile wird eine Anforderung formuliert, die je nach gegebenenfalls vorhandener didaktischer Vorgabe variiert werden kann. Ich gebe zum Beispiel bei jüngeren Kindern gar keine Vorgaben, außer, dass die Anzahl der Wörter pro Zeile stimmen müssen. Sind die Kinder älter oder sehr begabt, dann lege ich die Latte höher: Für besonders begabte Kinder, Jugendliche und Erwachsene kann man aber auch für jede Zeile eine Funktion festlegen: In der ersten Zeile muss ein Begriff dargestellt werden, in der zweiten Zeile muss dieser auf materieller Ebene beschrieben und in der dritten Zeile die äußere Eigenschaft des Begriffes mit einem Gefühl verbunden werden. In der vierten Zeile soll sich daraus eine kleine Regung oder Veränderung ergeben, sodass das letzte Wort vom ersten weg führt. So wird das Elfchen zu einer einfachen, aber starken Momentaufnahme. Das Elfchen eignet sich neben dem Brainstorming auch als Kreativitäts- Methode, um den Horizont zu weiten, wenn eine Sitzung oder Planung nicht mehr weiter kommt. Sie bringt einen aber auch auf ganz klare und simple Art und Weise in den Moment, bringt einen dazu, wieder Boden unter den Füßen zu spüren.

Praktische Übung

Bei der praktischen Übung des Elfchen-Schreibens lese erzähle ich zunächst etwas über die Form und lese dann drei sehr gelungene Elfchen vor.

„Spätsommer
Goldenes Licht
Sonne verströmt Wärme
Fülle der Früchte lockt
Dankbarkeit

Reife
Sommerliches Nachklingen
Herbst naht unaufhaltsam
Mein Leben schwingt mit
Öffnung

Stille
Intensives Da-Sein
Erde duftet herb
Höhepunkt des Jahres schwindet
Sehnsucht“

Diese drei Elfchen sind zudem in ihrer Gesamtheit wiederum ein Gedicht, und dabei ist jedes Einzelne eine Strophe. Sie entstammen einer Schreibwerkstatt und zeigen, dass mit dieser Form schon unglaublich spannende Texte entstehen, auch wenn nur sogenannte „Laien" sie verwenden. Nach dieser Schreibanregung bitte ich die Kinder, sich einen Begriff zu suchen und sich zurück zu ziehen. Meistens gebe ich auch hier wieder dreißig Minuten. Interessant ist, dass Kinder oft schneller mit dem Verfassen eines Textes fertig sind als Erwachsene. Diese denken oft komplizierter als Kinder, die mit Leichtigkeit ihre Gefühle spontan zu beschreiben vermögen. Anschließend besprechen jeden der entstandenen Texte gemeinsam. Wir vergleichen ihn mit den Ausgangstexten und überlegen gemeinsam spielerisch, was sie mit diesem verbindet und was sie von ihm unterscheidet. Das Elfchen als Momentaufnahme bietet sich wunderbar an, wenn wir wieder lernen wollen, inne zu halten und den Dingen Raum zu geben. Es hilft, zur Ruhe zu kommen. In einer Welt, in der die meisten Menschen dazu tendieren, zu viel zu sprechen und zu kommunizieren, ist das Elfchen eine herrliche Übung, die uns hilft, dass wir uns wieder auf das Wesentliche konzentrieren können.

Methodisch-didaktisch

Durch das Elfchen lernen Kinder gleichzeitig spielerisch zu arbeiten und eine Form zu erfüllen, was die rationale und die emotionale Gehirnhälfte miteinander in Verbindung bringt.

Therapeutisch

Der genaue Zeilenablauf des Elfchen bietet eine enorme Klarheit und Sicherheit. Gerade für Menschen, die Probleme haben, ihren Gefühlen nachzuspüren, ist eine knappe und klar strukturierte Ausformulierung sehr heilsam. Vieles kann oft nicht ausgesprochen werden, findet jedoch auf dem Papier seinen Ausdruck und wirkt am Ende auf unseren gesamten Körper und unser seelisches Wohlbefinden zurück. Gemeinsam wird auch hier das Geschriebene ohne Wertung betrachtet und besprochen.

Fallbeispiel

Ein besonders schönes Elfchen hat Sam, einer meiner Kursteilnehmer der Kinderuni, gemacht. Sam war mir schon zu Beginn der Schreibklasse in der Stadtbücherei aufgefallen. Nicht nur war er besonders lebhaft, er war auch der einzige in dieser Gruppe der Acht- bis Zehnjährigen, der sofort davon Abstand nahm, sein Obstgedicht in bunten Farben zu gestalten.

„Du musst Farben verwenden!" meinte eines der Mädchen kritisch.

Ich winkte ab.

„Hier muss niemand irgendetwas", sagte ich, und Sam lächelte.

Als ich später sein Bild betrachtete, fiel mir auf, dass die Striche viel feiner und besonnener gesetzt waren als die der Kinder. Sams Gedicht, war mit Abstand am feinsinnigsten ausgeführt. Sam hatte ein intensives Gespür für sich selbst.

„Sam
ich mag ihn
er ist sehr cool
Sam"

Beispieltexte

In einer meiner Schreibklasse mit dem Linzer Landestheater für das Projekt „Neue Welten“ durfte ich mit einer Klasse, die einen eigenen Kreativ- Lehrgang führte, arbeiten. Das war eine besonders beglückende Erfahrung. Ein Mädchen fiel mir dabei besonders auf. Sie hieß Kathi, war klein, zart und blond, eine der Jüngsten der Gruppe und unglaublich vorlaut. Sie nannte sich selbst „Popo-Tier“, war immer als erste fertig und zeichnete außerdem noch Bilder zu ihren Texten. Auch ihre Elfchen hat sie, nachdem sie vier und nicht nur eines geschrieben hatte, mit wunderbaren Zeichnungen versehen. Sie stammte aus einer liebevollen Familie, die ihr Haus in einem Bergbauerndorf hatte und in die Stadt pendelte.

„In den Bergen ist es so schön“, sagte Kathi zu mir.

Ich nickte und gab ihr Recht.

„Still ist es, oder?“ meinte ich.

„Ja. Genau richtig zum Elfchen schreiben!“

Ich lachte.

„Und es riecht so gut. Die Luft ist ganz anders dort!“ fügte Kathi hinzu.

„Schnee
bald ist Weihnacht
kurze Tage
wir kommen zur Ruhe
Besinnlichkeit“

lautet eines dieser Elfchen. Ein weiteres ist um einiges kulinarischer:

„Weihnachten
weiße Winterlandschaft
Keksduft schwebt umher
Liebe umschließt die Herzen
Friede“

Auch die Situation selbst, es schneite an diesem Tag, wurde von den Kindern wie selbstverständlich zum Anlass für einen meditativen Gedicht- Moment genommen.

„Schnee
eisige Kälte
die Flocken wirbeln hernieder
die Welt ist so weiß
Winter“

„Winter
dichtes Schneegestöber
Schneemänner werden gebaut
wir machen eine Schneeballschlacht
Schnee“

„Winter
eisige Schneeflocken
dunkel gefärbte Nächte
meine Lebensfreude verschwindet langsam
Winter“

lauteten die drei Ergebnisse zu dem Thema.

Doch die Kinder bauten auch andere Elemente in ihre Texte ein, wie beispielsweise den Regen:

„Regen.
Es regnet.
Es ist nass.
Die Erde wird nass.
Nässe."

Und was mich sehr beruhigte, war die Tatsache, dass auch angesichts des trüben Wetters einige meiner Kursteilnehmer/innen über andere Jahreszeiten schrieben:

„Sommernacht.
Funkelnde Sterne.
Lauer Wind weht.
Augen erleuchten die Dunkelheit.
Stille"

hieß es da bei Kati oder auch bei Simone:

„Frühling
Wetter wird wärmer
Blumen beginnen zu sprießen
Fröhlichkeit."

Doch nicht nur Jahreszeiten und deren Assoziationen, sondern auch Orte, die positiv besetzt waren, wurden in die Texte verwoben:

„Alm
schneebedeckte Berggipfel
viele schroffe Felsen
Wanderer sind immer nett
Almhütte“

Theater
große Bühne
viele begeisterte Schauspieler
es naht die Aufführung
Lampenfieber“

Liest man alle diese Elfchen, so meint man, dass die Kinder beim Verfassen der Texte meist an schöne Ereignisse dachten. Dass aber auch Kinder Menschen mit Gefühlen, Ängsten und Sorgen sind, egal, wie fröhlich und behütet sie aufwachsen, zeigen folgende Texte, die sich mit den Themen Angst und Dunkelheit auseinander setzen:

„Dunkelheit.
Knarrender Boden
ein spitzer Schrei
Schatten huschen schnell vorbei
Angst

Dunkelheit
leuchtet auf
bis in die Ewigkeit
erlischt das Leuchten nicht
Licht“

schreibt Elvira. Und der nächste Text geht eigentlich eher von einem positiven Begriff aus und kippt plötzlich in einen Zustand der Angst:

„Musik
verbotene Klänge
Angst zu leben
Verschlossenheit zerstört zaghafte Töne
Angst“

Auch besondere andere Tage sind Inhalt der Texte. Hier sieht man, dass bei Kindern Tage noch eine ganz andere Relevanz haben, dass das Gefühl von Zeit und zeitlicher Begrenztheit noch anders erlebt, ja auch Geburtstage auf eine völlig andere Art und Weise wahrgenommen werden und einen viel größeren Platz im Leben einnehmen:

„Freitag
zu lang Schule
schnell nach Hause
dich vor Hausaufgaben entspannen
fortgehen“

lautet eines der Tages-Gedichte, und das zweite:

„Geburtstag
Tag der Freunde
Menschen feiern mit dir
Geburtstag“

Ein schönes, fast prophetisches Gedicht, hat Farben zum Thema:

„Blau
die Meere
ein ewiger Zirkel
atemberaubende Schönheit verführt mich
leben“

Aber auch Gefühle jenseits von Angst werden verhandelt, sowohl negative:

„Langeweile
Handy her
dann schnell einschalten
fällt runter, ein Poltern:
Katastrophe!

Angst
dunkle Nächte
erfüllt mit Schrecken
Courage Schritte so wagen
Mut“

....als auch positive, wobei Freundschaft und Liebe offenbar ganz oben auf der Liste stehen:

„Freundschaft
zwei Personen
zwei nahestehende Personen
Vertrauen und unendliche Verbundenheit
Lebendigkeit

Freundschaft
eingespieltes Team
Geborgenheit und Liebe
Gemeinsame Erlebnisse werden gesammelt
vertrauen

Liebe!
Glückliches Beieinandersein!
Herzen schlagen schneller
die Verbundenheit ist spürbar
Vollkommenheit"

Ein letztes Gedicht hat mich noch besonders fasziniert, weil es einen Zustand zu erfassen versucht, nämlich ganz genau den, den wir in unserem gemeinsamen Schreibraum des Landestheaters hatten. Insofern ist dieses Elfchen eine Photographie des Momentes und der perfekte Abschluss für dieses Kapitel:

„Kreativ
Stifte Glitter
schwarz weiß bunt
Wolke Wiese Sonne Blume
einzigartig"

Peng und Pao

Oft ist es sinnlos, in einer Gruppe nur mit Worten und Klängen zu arbeiten. Gerade bei Kindern und Jugendlichen wird die Ebene des Körperlichen viel zu oft vernachlässigt. Die Kinder sitzen in der Schule und verbringen Stunden vor dem Computer und über

Bücher gebeugt. Körperliche Reaktionsübungen wie „Peng und Pao“ sind daher ideal für dazwischen.

Der Begriff

Bei „Peng und Pao“ handelt es sich um eine sehr einfache Übung, die von TheaterpädagogInnen entwickelt wurde und häufig eingesetzt wird, wenn es gilt, eine Gruppe zu lockern. Das Spiel hilft, dass Menschen miteinander lachen können, auf gegenseitige Gesten reagieren, geerdet werden und dabei lernen, schnell zu reagieren - und das Denken ein wenig ausklammern können. „Peng und Pao“ bietet sich wunderbar für ein erstes Kennenlernen an, aber auch, um zwischen zu langen Denk- und Schreibphasen die Stimmung ein wenig zu lockern.

Praktische Übungen

Das Spiel „Peng und Pao“ kennt drei Schwierigkeitsgrade. Beim ersten Schwierigkeitsgrad gibt es nur eine Geste: das „Peng“. Bei einem „Peng“ wird das Wort artikuliert und gleichzeitig mit einem Klatschgeräusch der Hände an den Nachbarn im Kreis weiter gegeben. Hier kann man das Tempo variieren. Beim zweiten Schwierigkeitsgrad tritt ein „Boing“ hinzu. Dazu hebt der Sprechende die Hände in die Höhe und wippt ein wenig, während er sich nicht dem nächsten Menschen im Kreis zuwendet, sondern wie ein Spiegel verharrt. Wenn ein Spieler ein „Boing“ erhält, dann bedeutet das, dass er mit seinem „Peng“ die Richtung wechseln muss oder aber selbst ein „Boing“ machen kann, sodass das „Peng“ im Kreis weiter zu wandern hat. Auch hier kann man, je länger die Teilnehmenden spielen, das Tempo anheben. In der dritten Phase kommt noch das „Pao“ hinzu. Mit einem „Pao“ und einer Bewegung, in der man beide Hände zusammenfaltet und wie einen Pfeil vom eigenen Körper weg stößt, kann seine Geste beliebig in alle Richtungen „schießen“, außer der Mensch steht neben einem, denn dann muss die Geste ja mit einem „Peng“ weiter gegeben werden. Jeder, der einen Fehler macht, scheidet aus. Das Spiel ist dann zu Ende, wenn es keinen Kreis mehr gibt.

Methodisch-didaktisch

Dadurch, dass wir den Körper und die spontane Reaktion in Aktivität bringen, werden unterschiedliche Ebenen in unserem Kopf vernetzt. Das „Peng und Pao“-Spiel lehrt uns, schnell aufeinander zu reagieren und miteinander in Kommunikation zu treten. Es fördert das Kennenlernen, den Zusammenhalt und das gesamte Gefühl in einer Gruppe.

Therapeutisch

Reaktionsspiele wie „Peng und Pao“ bieten eine wunderbare Möglichkeit, sich auszutoben. Andererseits lernen wir dadurch Kommunikation und Reaktion. Wir lernen, uns rasch auf andere einzulassen. Diese Spiele ermöglichen es, in einer Gruppe ein neues Gefühl der Gemeinsamkeit und vielleicht auch des Humors. Es ist immer die Beziehung, die heilsam ist: Das Wissen, dass wir nicht alleine sind, sondern mit einander in Kontakt treten können. Das Wort „Therapie“ leitet sich von dem griechischen Begriff „therapeúein“, ab, der so viel meint wie „hegen“ oder „sorgen“. In

Gruppenkonstellationen lernt man, füreinander Verantwortung zu übernehmen.

Fallbeispiel

Rino, der mir auf der Kinderkunstuniversität begegnete, hatte immer zu viel Energie. Er konnte kaum seinen Mund halten, kitzelte seine Sitznachbarn, während diese versuchten, zu schreiben und verletzte seine Klassenkameradin Reni in der Pause mit einem Ball leicht am Auge , sodass diese zu weinen begann. Die „Peng und Pao"- Übung war genau das Richtige für Rino. In mir und der Theaterpädagogin, zwei geübten „Penglern", hatte er würdige und flinke Gegner, sodass er am Ende der Übung müde in seinen Sessel fiel und mit den Worten: „Das war cool" sein Jausen- Brot verzehrte.

Die Fantasiereise

Wir alle lieben es zu träumen. Dass das Genre Fantasy so beliebt ist zeigt, dass es Menschen von jeher stimuliert und erfreut hat, in fremde Welten zu entfliehen. Daher bietet sich die Fantasiereise wunderbar als praktische Übung im Bereich des kreativen Schreibens an.

Der Begriff

Besonders für Kinder, die sich schwer tun, still zu sitzen und an Konzentrationsschwäche leiden, aber auch für Menschen, die

Probleme haben, in einen kreativen Fluss zu gelangen, ist die Fantasiereise eine ideale Möglichkeit, um einen inneren poetischen Raum aufzumachen.

Unter dem Begriff „Fantasiereise“ versteht man gelenkte Tagträume, in denen sowohl Erwachsene als auch Kinder lernen, in ihrem Kopf Bilder, Ideen und Vorstellungen mit bestimmten Begriffen zu verknüpfen und zu entwickeln. Dadurch können auch Probleme, die vielleicht vor der Reise nur unterbewusst da waren, angedacht, vielleicht sogar gelöst werden. In vielen Fällen hilft die Fantasiereise, Stress abzubauen, ein inneres Gleichgewicht herzustellen undKreativität und Fantasie zu fördern. Bei der Fantasiereise liest jemand mit ruhiger Stimme einen Text vor, der von zwei Entspannungsübungen umrahmt wird. Es bietet sich an, den Text mit angenehmer Musik zu koppeln oder vorgefertigte Hör-CDs zu verwenden. Fantasiereisen sind für alle Altersgruppen geeignet, wobei man auf individuell angepasste Geschichten achten sollte. Ich spiele beispielsweise Kindern gern eine Geschichte vom Bauernhof vor, die sehr einfach erzählt ist, während ich die „Reise ans Meer“ eher mit Erwachsenen anhöre, weil die Art der Sprache komplexer ist.

Praktische Übung

Für die Fantasiereise sollte ein Zeitpunkt gewählt werden, zu dem der Reisende seine Fantasie uneingeschränkt schweifen lassen kann. Wochenendseminare und Kurse außerhalb des schulischen Alltags sind daher ideal, weil sie den Menschen Raum geben, die Sorgen hinter sich zu lassen. Doch auch in Alltagsräumen können Fantasiereisen gelenkt werden. Hier helfen vor allem Elemente, die die Teilnehmenden in eine entspannte Stimmung versetzen, wie beispielsweise Kissen, Decken, Räucherstäbchen oder auch einfach nur entspannende Musik. Die Teilnehmer/innen sollten eine möglichst entspannte, bequeme Haltung einnehmen. Es gilt, die Hör-CDs sorgfältig auszuwählen oder auch gegebenenfalls die Texte möglichst ungekünstelt vorzutragen. Liest man die Texte selbst vor, so ist es wichtig, dabei in den Bauch zu atmen und viele Pausen zwischen den Sätzen zu machen, damit in den Köpfen der Teilnehmenden genug Zeit ist, die inneren Bilder wahrzunehmen.

Wichtig ist bei der Auswahl der Bilder und Inhalte der Geschichte, dass ein Fabulier- und Vorstellungsraum angesprochen wird, der auf ein positives Ziel hinführt, der Wünsche, Freuden, Begeisterung usw. vorstellbar werden lässt. Die Fantasiereise sollte ein Ziel verfolgen, welches die „Reiseleitung" klar vor Augen hat, um die Technik nicht zu einem undurchschaubaren Spiel werden zu lassen. Denn weiß man nicht, was genau man mit der Fantasiereise will, so kann mit Ängsten, Traurigkeit, Müdigkeit und all den anderen schwierigen Gefühlen, die bei einer Fantasiereise hochkommen können, nicht umgegangen werden. Man muss beim Leiten einer Fantasiereise also immer mitbedenken, dass man ein Stück in die seelische Tiefe der Teilnehmenden eindringt und dabei vorsichtig sein muss. Um Manipulationen auszuschließen, sollte das genaue Ziel, in unserem Fall das Verfassen eines Textes zu einem konkreten Thema, in einem anschließenden Gespräch mit der Gruppe immer auch thematisiert werden.

Die Inhalte der Fantasiereise können sehr vielfältig sein: Fantasiereisen zur Entspannung bieten vorwiegend beruhigende Bilder an, während Fantasiereisen zur Lernförderung positive Lernerfahrungen ansprechen. Fantasiereisen zur Persönlichkeitsentwicklung zielen auf Situationen, in denen man sich konstruktiv mit der Innenwelt auseinander setzt.

Jede Fantasiereise gliedert sich in mehrere Phasen. Erfahrene Fantasiereisende schaffen es oft gänzlich, auf Hilfestellungen zu verzichten, indem sie die Fantasiereise nur in ihrem Kopf stattfinden lassen. Generell empfiehlt es sich, bei ungeübten Gruppen anfangs einfache Fantasiereisen anzubieten, die nicht zu lange dauern und die im Bereich „Entspannung" liegen. Loslassen und Entspannung wollen jedoch gelernt sein, und man überfordert Teilnehmende schnell, wenn man ihnen zu viel auf einmal davon anbietet. So begann beispielsweise eine meiner Kursteilnehmerinnen noch während der Musik zu schreiben, weil sie den inneren Raum und die Entspannung nicht mehr ertragen konnte.

In jedem Fall ist bei der Fantasiereise eines wichtig: Es sollten alle Sinne angesprochen werden. Dadurch gelingt es den Reisenden nämlich, eine möglichst intensive Vorstellung zu entwickeln. Die Wahl der Sprache muss sorgfältig sein: es empfiehlt sich ein beruhigender Rhythmus sowie eine entspannende Atmosphäre. Außerdem darf kein Zwang bestehen, an einer Fantasiereise teilzunehmen, ich habe daher meine Kursteilnehmerin auch einfach schreiben lassen. Denn jeder hat seine eigene Art und Weise, mit inneren Welten und Stille umgehen zu können. Während der Fantasiereise sollte der Ort, an dem man sie praktiziert, eine Insel der Ruhe sein. Ist diese Situation gegeben, so kann die Fantasiereise, die in der Regel in drei Phasen eingeteilt ist, beginnen.

Die erste Episode der Fantasiereise ist die Entspannungsphase. Hier geht es in erster Linie darum, den seelischen Raum für die Reise zu öffnen und die Kursteilnehmer/innen dazu zu bringen, in einen Zustand des Loslassens zu gelangen. Damit sich die Teilnehmenden vollständig entspannen können, sollten sie zuerst die Augen schließen und dann gleichmäßig tief ein- und ausatmen.

Jetzt dürfen alle Gedanken an den Alltag hochkommen und sollen nach und nach losgelassen werden, damit der Kopf frei ist für die Reise. Hierbei eignen sich auch einfache Formen von Entspannungsübungen, wie man sie aus dem autogenen Training kennt. Man kann mit gewissen Leitsätzen arbeiten wie: „Mein Kopf ist angenehm kühl, meine Füße sind schwer und warm." oder auch jedes einzelne Glied des ganzen Körpers nach und nach bewusst wahrnehmen, kurz ruckartig anspannen und dann loslassen.

Wenn man es erst einmal geschafft hat, sich zu entspannen, dann sind die Voraussetzungen optimal, um die Reise anzutreten. Jetzt wird dem Reisenden eine Geschichte vorgelesen. Die Geschichten können unterschiedlichen Inhalts sein. Generell gilt aber, dass in ihnen ein Ort beschrieben werden soll, an dem sich die Zuhörer besonders wohl fühlen. Es bieten sich ferne Inseln, magische Wälder, Berglandschaften und Strände an, aber auch konkretere Orte wie Bauernhöfe, Pferdekoppeln oder ähnliches. Die Teilnehmenden sollten in der Übung versuchen, sich den Ort in ihrer Fantasie so genau, detailliert und lebensecht auszumalen, dass sie sich jede kleinste Eigenheit der Umgebung, gleichzeitig aber auch alle dort empfundenen Gefühle, Sinneswahrnehmungen und eigene Verhaltensweisen vorstellen können. Ist die genaue Wahrnehmung des inneren Ortes gesichert, dann wird der Reisende ermutigt, an diesem sicheren und besonderen Platz mit seinen Vorstellungen zu spielen. Hier kann je nach Übung der innere Denkprozess für einen Text beginnen, oder - befindet man sich in einem therapeutischen Prozess - es können Probleme durchdacht sowie neue Denkweisen und Glaubenssätze formuliert werden. Es benötigt schon eine liebevolle Atmosphäre, wenn wir uns mit unserem Unterbewusstsein auseinander setzen.

Die letzte Phase der Fantasiereise bildet nun die Rückkehr in die Realität. Am Ende ist es vor allem wichtig, die Bilder wellenförmig und möglichst langsam ausklingen zu lassen und die Beteiligten sanft in den konkreten Raum und die vorliegende Situation zurück zu führen. Es ist Aufgabe des Reiseleiters bei den langsamen Übergängen und gedanklichen Wegen unterstützend zu wirken. Denn nicht nur der Geist, auch der Körper benötigt Zeit, wieder ins Hier und Jetzt hinein zu finden. Hilfestellungen können hier zum Beispiel körperliche Aktionen wie tiefes Durchatmen, Dehnen und Strecken oder auch ein Sich- Räkeln sein. Wenn die Teilnehmenden die Augen wieder öffnen, sollten sie mit Körper und Seele wieder in dem realen Raum ankommen. Im Normalfall ist es jedoch so, dass auch danach noch einiges an Zeit benötigt wird, bis die Reisenden zurück finden.

Nach der Reise bietet es sich grundsätzlich an, dass die Kursteilnehmer sich auch untereinander austauschen, um nicht ganz allein mit ihren Empfindungen und Wahrnehmungen zu bleiben. Es gibt auch Kursleiter wie mich, die diese Phase außer Acht lassen. Aber gerade in pädagogischen Prozessen kann dieser Wunsch sinnvoll sein. Ich variiere je nach Situation nach der Reise: Meistens bitte ich die Teilnehmenden, sich den Moment der Reise zu vergegenwärtigen und gleich mitzunehmen in ihren Text. Mir ist es nämlich wichtig, dass die eigenen Vorstellungen nicht durch den Austausch mit anderen verwischt, verdrängt oder ersetzt werden. Schließlich geht es bei den Fantasiereisen darum, sich die eigene Kreativität zu vergegenwärtigen und nicht die von irgendjemand anderem. Manchmal mache ich eine kleine Pause. Manchmal aber auch drängt es sich auf, dass man gleich nach der Reise über seine Erfahrungen spricht. Meistens aber schicke ich meine Teilnehmenden in ihren zwischen 30 und 40 Minuten dauernden Schreibprozess und wir besprechen erst danach gemeinsam mit deren Texten, wie es ihnen bei der Reise ergangen ist.

Auf jeden Fall ist es wichtig, dass man die Kursteilnehmenden nach der Reise nicht mit ihren Eindrücken alleine lässt. Denn oft kommen auch unterdrückte Gefühle und Bedürfnisse bei Fantasiereisen hoch; Verluste können erinnert, alter Schmerz, Angst, Wut oder Verzweiflung intensiver erlebt oder re-visualisiert werden. Durch eine Nachbereitung besteht die Möglichkeit, die Bilder in die Gegenwart zu bringen, in sich zu integrieren und später künstlerisch in den Alltag mit einfließen zu lassen. Dass sich dabei alte Schmerzen lösen können, ist Teil des künstlerischen Prozesses. Nur, wenn wir da hin sehen, wo es weh tut, können wir es auch verwandeln.

Methodisch-didaktisch

Die Fantasiereise hilft uns, Entspannung zu lernen. Und dass Menschen in entspannten Situationen belastbarer, kreativer und lernfähiger sind, ist eine Tatsache. Wenn wir durch das Zur-Ruhe-Kommen und das gleichmäßige Atmen unseren körperlichen Rhythmus gefunden haben, können wir geistige Prozesse leichter verarbeiten und Regionen in unserem Kopf aktivieren, die unser kreatives Potential steigern.

Therapeutisch

Der genaue Ursprung der Fantasiereise ist schwer zu finden. Wir wissen aber, dass ihre Entstehung unmittelbar mit therapeutischen Strömungen zu tun hat. Schon C.G. Jung nutzte das konkrete Vorstellen von Traumbildern für die Persönlichkeitsentwicklung. Etwas später, in den 50er Jahren des 20. Jahrhunderts, entdeckten auch Verhaltenstherapeuten die positive Wirkung von Vorstellungsbildern. In den 60er Jahren weitete sich der Einsatz von Fantasiereisen durch die humanistische Psychologie, insbesondere durch die Gestalttherapie, aus, während sie in den 70er Jahren besonders im Bereich der Gestaltpädagogik und des Super-Learning an Bedeutung zunahm. Eine weitere wichtige Stellung nehmen die Fantasiereisen im „ganzheitlichen Lernen“ ein. Auch aus dem „Autogenen Training“ heraus entwickelten sich Praktiken zur Fantasiereise, die unter anderem durch die Pionierin Else Müller bekannt und etabliert wurden.

Auch heute noch wird in der Psychotherapie mit Vorstellungsbildern in den unterschiedlichsten Richtungen gearbeitet. Bei der Verfahrensweise „Katathymes Bilderleben“ beispielsweise bildet die Fantasiereise einen wichtigen Aspekt. Die Katathym-Imaginative Psychotherapie (KIP), die sich aus diesem Ansatz heraus entwickelt hat, bedient sich des Tagtraums und somit auch der Imaginationsmöglichkeiten und Vorstellungskräfte des Klienten. Nach gelenkten Reisen werden die innerlich erlebten Visionen durch Fragen vom Therapeuten mitgestaltet, mögliche negative Bilder und Glaubenssätze dürfen hoch kommen und werden in der Therapie umgearbeitet in neue, buntere Denkmöglichkeiten. Der Ursprung der Therapie wurde zu großen Teilen psychoanalytisch geprägt.

Musik und Meditations- Haltung helfen den Teilnehmenden, sich in einen Zustand der Entspannung zu versetzen. So können verdrängte Inhalte hoch kommen. Kreative und bereichernde Bilder, aber auch schmerzliche Gefühle, die wir dann in einem Text kanalisieren und verwandeln können. Wie bei allen Feedback-Sitzungen ist bei dem Austausch nach einer Fantasiereise zu beachten, dass man die Fantasiereisen in keiner Weise ideologisch, moralisch oder auf andere Art und Weise lenkend zu bewerten hat.

Denn in der Fantasiereise begegnen einem unterbewusst existierende, verworrene, oft irrational erscheinende, uneindeutige Bilder, die man erst einmal auf sich wirken lassen sollte. Auch Ängste gehören zu uns und müssen hochkommen dürfen, damit sie losgelassen werden können. Wenn bei der Reise Ängste oder andere Gefühle auftreten, dann sollte in erster Linie gefragt werden, was genau Angst bereitet und dann überlegt man, was gegen die Angst helfen kann.

Gerade bei Kindern bietet es sich an, nach so einer Fantasiereise einfache Fragen zu stellen, damit die verworrenen und besonderen Bilder auf gewisse Art und Weise „gebannt" werden können. Mögliche Fragen wären hier:

Wie hast du die Reise empfunden?
Was sah der Ort aus? Was hast du erlebt?
Was hast du dabei gefühlt und gedacht?
Was war für dich wichtig, angenehm oder weniger gut?
Was hast du beim Schreiben danach erlebt?
Erinnert dich etwas an deinen Alltag?
Was lernst du aus dieser Erfahrung?

Wenn man diese Fragen gestellt hat, sollte man die Antworten der Menschen auf keinen Fall interpretieren. Alle Du-Formulierungen- wie z.B. „Du fühlst also offensichtlich …" müssen ausgeklammert werden. Sinnvoll ist hier immer nur die Frage nach jedem einzelnen und dessen Innenraum: Was hat jeder Teilnehmende für sich erlebt, welche Bedeutung könnte es aus seiner Sicht haben und vor allem: Wie kann er/sie die Erfahrung nutzen, um seine kreative Kraft zum Blühen zu bringen.

Fallbeispiel

Schon zu Beginn, als ich die Fantasiereise bei einem Kurs an einer Schule vorbereite und die Kinder bitte, die Stühle und Tische wegzuräumen, sich dann eine der von mir mitgebrachten Decken zu nehmen und sich hin zu legen, sind die Kinder erstaunt.

Eine kurze Bemerkung am Rande hier: Generell ist es wichtig, dass Schreibende alle körperlichen Positionen einnehmen dürfen: Sie dürfen bei mir liegen, sitzen, die Beine an den Bauch ziehen oder auf die Tische legen und so fort, alles, was die Kinder freut, dürfen sie für sich nützen und anwenden.

„Liegen? In der Schule?“ fragt Stella und sieht mich mit großen Augen an.

Ich lächle ein wenig, blicke die zuständige Lehrerin kurz an und meine dann:

„Ja, auch liegen muss man üben.“

Zu Beginn der Fantasiereise ist es zunächst schwierig. Während die einen die Augen brav geschlossen halten, basteln andere an kleinen Papierfliegern und kicken Gummiringe durch den Raum. Besonders Doran macht hier Probleme. Aber auch die Mädchen sind unruhig, sie kichern, als die Stimme einsetzt, und wispern verhalten miteinander. In dieser Phase ist es wichtig, nicht zu stark ermahnend einzugreifen. Ich schweige also und atme mit der vom Band kommenden Stimme der Moderatorin mit. Das Gekicher und Geruckel hält noch eine gewisse Zeit lang an. Nach und nach aber wird klar, wie viel Überforderung und Müdigkeit hinter diesen Aktionen steckt. Die Kids werden ruhiger und ruhiger, und schließlich kommen wir alle bei der fernen Insel im Meer an.

„So still ist es bei uns selten!“ wispert die Lehrerin, als sich die Kinder erheben und langsam nach ihren Blättern greifen, um ihre Bilder und Ideen aufzuschreiben.

„Jetzt bin ich aber müde!“ meint Doran leise und lehnt sich an seinen Tisch. Auf Papierflieger oder Gummiringerl hat er gar keine Lust mehr. Die Kinder sind zur Ruhe gekommen.

Textbeispiel

Die Texte, die mit jener zu Beginn so unruhigen Schulklasse entstanden, sprechen für sich: Die Kursteilnehmenden haben inne gehalten. So hat Stella einen Text über eine Schildkröte verfasst:

> „Die Schildkröte
>
> Ein Schritt ist getan, nun kommt der Nächste.
> Und nach ihm der Nächste.
> Langsam, doch mit viel Geduld, bewegt sie sich graziös davon.
> Aber wehe, wenn eine Hand sie anlangt!
> Schwupps zieht sie den Kopf zurück.
> So schnell kannst du gar nicht schauen!
> Jetzt ist sie nur noch ihr eigenes Haus.“

Clustering

Viele meiner Kursteilnehmenden sind Menschen, die sehr stark visuell denken. Abgesehen davon jedoch ist es für uns alle wichtig, die für die begriffliche und die für die bildliche Vorstellung zuständigen Gehirnhälften miteinander in Einklang zu bringen. Erfahrungsprozesse können dadurch schneller gemacht, Lerninhalte effizienter, leichter und mit mehr Freude übermittelt werden. Hier bietet sich besonders die Übung des Clustering an.

Der Begriff

Beim Clustering - auch als Cluster- Verfahren bezeichnet - handelt es sich um eine von Gabriele L. Rico entwickelte Methode, die bei kreativen Schreibprozessen der Ideenfindung dient. In einem gemeinsamen Prozess werden Assoziationsketten aufgeschrieben, die von einem Zentralwort ausgehen. Clustering ist eine besondere Form des Brainstorming-Verfahrens, das sich vor allem für die Ideenfindung im Rahmen einer Gruppe anbietet.

Praktische Übung

Alles, was man für den Beginn von erfolgreichem Clustering braucht, ist ein Begriff. Manchmal gebe ich selbst einen vor - wie Beispiel bei dem gleichnamigen Theaterprojekt in Maßbach das Wort „Träume" - manchmal bitte ich einen der Kursteilnehmer spontan um ein Wort. Der Cluster beginnt mit dem Cluster-Kern: Ein einzelnes Wort oder eine Phrase wird in der Mitte eines Blattes auf einen Flipchart notiert und ein Kreis um diesen Anfang gezogen. Vom Kern ausgehend werden nun Assoziationen notiert. Jeder neue Begriff wird dann wieder umkreist und mit der vorangehenden Assoziation durch einen Strich verbunden. Eine neue Assoziationskette setzt wieder beim Cluster-Kern an. In Gruppen ist dieser Prozess besonders spannend, denn jeder kann sich vom anderen anregen lassen. Eine Person - entweder der Kursleiter oder auch ein Freiwilliger, der aber verstanden haben muss, wie genau sich Assoziationsketten bilden - schreibt mit, was die Teilnehmenden rufen. Der Prozess des Clusterings kann lang dauern: Man kann, so lange man will, jede Assoziation wieder auf einem eigenen Blatt notieren und sich so von Bild zu Bild, von Idee zu Idee, von Fantasieraum zu Fantasieraum hanteln.

Meist reicht diese erste Phase der Ideenfindung schon, um bei den Kursteilnehmenden einen Schreibprozess loszutreten. Denn anders als bei linearen Notizen bilden sich nach einer gewissen Zeit aus den losen Assoziationsketten neue Verknüpfungen, Ideen für Verbindungen drängen sich den unterschiedlichen Teilnehmern auf. Wenn ich mit Kindern oder mit Menschen mit geistiger Einschränkung arbeite, lasse ich es je nach Stimmung schon nach einem gefüllten Blatt gut sein. Mit Erwachsenen jedoch bietet es sich oft an, weiter zu gehen. Hier kann man mit einem Versuchsnetz, dem sogenannten „web of trial", fortfahren. In dieser Phase versuche ich, die verschiedenen Bilder und Ideen bewusst in eine bestimmte Richtung weiter zu lenken. Wenn zum Beispiel das Wort „Rasenmäher" da steht, dann stelle ich die Frage: „Was könnte man mit einem Rasenmäher tun?"

„Ihn aus dem Schuppen holen!" meint einer.

„Und was geschieht dann?" frage ich weiter.

„Er geht nicht!" ruft jemand anderer.

So haben wir, ehe wir uns versehen, schon eine kleine Geschichte. Es entsteht so etwas wie ein Text auf Probe. Aus dieser aufblitzenden Idee entspinnt sich dann im Idealfall ein Schreibimpuls, den man unmittelbar in einer komplexen Geschichte umsetzt.

Methodisch-didaktisch

Das Clustering entstand aufgrund der Annahme, dass kreative Impulse aus dem Zusammenwirken von bildlichem und begrifflichem Denken entstehen ähnlich wie bei einer so genannten Mind- Map. Erklärt wird das aus der Funktionsweise des Gehirns: Während die linke Hälfte für begriffliches Denken zuständig ist, beschäftigt sich die rechte Gehirnhälfte mit Bildern. Ziel des Clusterings ist, beide Hirnhälften miteinander in Verbindung zu bringen und für den Schreibprozess zu nutzen. Wenn man einen Begriff also visualisiert, das heißt, das Wort aufschreibt oder auch aufmalt, schafft man damit Verknüpfungen in seinem Kopf.

Therapeutisch

Clustering in der Gruppe ermöglicht Beziehung und Begegnung. Man lernt, dass man nicht alleine ist, dass man sich mit seinen Bildern und Assoziationen unterschiedlich bereichern, verknüpfen und Gedankengänge gemeinsam weiter spinnen kann. Gleichzeitig hilft das Clustering, wirre Gefühle und zu schnell voranschreitende Gedankengänge und Bilder zu ordnen und in eine angenehme Form zu bringen, wodurch Klarheit entsteht. Mögliche Probleme können erkannt und Problemlösungen gefunden werden.

Fallbeispiel

„Kalte Hände" ist das erste, was Margarete mir zur Begrüßung mitteilt. Ich komme vom Bahnhof und bin ihr dankbar für den ehrlichen Spiegel. Langsam komme ich an beim betreuten Wohnen der Jugendlichen mit geistigen Einschränkungen. Ich schäle mich aus meinem Mantel und lasse mir die zwei Kursteilnehmenden, Margarete, ein Mädchen mit einer Zwangsstörung und Steve, einem Spastiker im Rollstuhl, vorstellen. Gemeinsam setzen wir uns an den Küchentisch. Ich sehe mich um. Die Räume sind hell und freundlich, jeder der Menschen, die bei Lebenshilfe betreut werden, haben ein eigenes Bett für zwischendurch, was ich beneidenswert finde. Riesengroße Bilder hängen an den Wänden, deren Strukturen und Muster faszinieren. Manche erinnern an die naiven Darstellung verschiedener Naturvölker, andere sind bestechend in der Präzision ihrer Linienführung und legen die Assoziation einer mathematischen Formel nahe. Wir setzen uns zu dritt an einen Tisch und überlegen, worüber wir schreiben könnten.

„Also ich weiß nicht", beginnt Margarete auch gleich zu zweifeln, „ich kann nicht einfach so irgendetwas schreiben. Wirklich, das kann ich nicht."

Diesen Satz kenne ich bereits von schwer erziehbaren Jugendlichen. Ich bin mir dessen bewusst, dass man diesen Menschen so oft gesagt hat, dass sie etwas nicht können, dass sie inzwischen wirklich daran glauben. Ich nippe kurz an meinem Tee und greife dann nach einem Blatt. Es ist Zeit für ein Clustering.

„Wir brauchen nicht viel", sage ich. „Eigentlich fast nichts. Nur ein Wort."

Stille.

„Mir fällt nichts ein", murmelt Steve schließlich.

„Hm-" meint Margarete, während sie aus dem Fenster sieht. „Also Weihnachten ist noch lange nicht, oder?"

„Wir haben Herbst", meint Steve.

„Herbst!" rufe ich begeistert, auch, obwohl jetzt gerade tiefster Winter ist und nicht Herbst, und zeichne das Wort auf das Blatt. „Was fällt euch zu Frühling ein?" frage ich weiter.

„Er ist schön", sagt Margarete.

„Das ist er!" meine ich und bitte sie, das Wort „schön" neben den Herbst zu schreiben und es einzukreisen, was sie auch sofort tut.

„Hast du vielleicht eine Idee?" frage ich dann Steve, der neben mir sitzt.

Er zögert kurz.

„Blätter", meint er dann.

„Willst du es aufschreiben?" frage ich.

Steve druckst herum.

„Nicht so gern", sagt er.

Da begreife ich: Steve kann ja gar keinen Stift halten. Ich schäme mich.

„Blätter", schreibe ich rasch und ziehe einen Kreis um das Wort. Ich nicke. Nun ist das Eis gebrochen. Margarete hat schon nach einem eigenen Blatt gegriffen und schreibt. Die Wörter kommen plötzlich leicht aufs Blatt. Steve rolle ich einen Sitz weiter. Jetzt kann er auf dem Computer tippen, in extra großen Lettern. „Ich sehe nicht so gut", erklärt Steve mir.

So beginnen die beiden ihren Schreibprozess. Und auch ich mache mich an die Arbeit. Diese Schreibwerkstatt ist eine spezielle Schreibwerkstatt: Ich übernehme die Betreuung für zwei Schützlinge, schreibe jedoch, was ich normalerweise nicht mache, selber mit, weil die Texte bewusst gemeinsam in der Literaturzeitschrift „Lichtungen" präsentiert werden sollen. Hier geht es um eine Gleichstellung, ein Auf- einer- Augenhöhe sein mit Margarete und Steve. In meiner Wahrnehmung bin ich das auch, und die Präsentation der Texte nebeneinander in einem Heft dient hoffentlich dazu, dass das auch in den Augen vorurteilsbelasteterer Menschen so werden kann.

Generell bietet sich bei der Arbeit mit Menschen mit Einschränkungen eine intensivere Betreuung an. Mehr als drei Teilnehmende können Kursleiter, die keine Sozialpädagogen sind, leicht überfordern. Das sieht man auch daran, dass mir selbst nicht klar war, wie schwer es Steve fällt, überhaupt einen Stift in der Hand zu halten. Ein Ansprechpartner aus dem Sozialbereich ist hier sinnvoll. Weiters sollte darauf geachtet werden, dass die Einheiten nicht zu lang sind. Ein bis zwei Stunden können hier mehr als genug sein.

Aber zurück in den Moment: Wir schreiben also gemeinsam. Wenn Pausen entstehen, einer der beiden nicht weiter weiß, schlage ich Worte vor. Schmetterlinge flattern als nächstes in Margaretes Assoziationsraum. Und dann das Gegenteil zum Herbst: der Frühling.

Und Steve meint plötzlich unvermittelt: „Ich kann Gott in den Ohren hören."

Ich glaube ihm das und bitte ihn, es sofort abzutippen.

„Noch ein Gedicht?" lacht Margarete.

„Ja", sage ich. „Schmetterlinge, Gedichte und Frühlinge kann es nicht genug geben."

„Danke", meint Margarete am Ende.

Steve sagt nichts mehr. Vielleicht hört er Gott in den Ohren rauschen, denke ich bei mir, als ich ihm die Hand reiche, und muss lächeln.

Textbeispiele

Herbstgedichte

Steve
Der Herbst ist
die schönste Zeit des Jahres
weil die Blätter
im Wind wehen

Eveline
Der Herbst ist da
Und es wird kälter
Und die Sonne brennt schön
Und der Herbst bringt uns die Vögel in den warmen
Süden

Sophie
Gold Sonne leuchtet im Haar
Vogelwinde fliegen
In den Augen aufgeklappt der Blick
Gott, schreibt einer, rauscht in meinen Ohren
So singt er auch in den Blättern
für den der ihn findet
innen

Schmetterlingsgedichte

Steve
Schmetterlinge
fliegen im Himmel
in der Natur
empor

Margarete
Schmetterlinge
fliegen im Garten
sind bunt und holen
den Blütenduft von den Blüten
im Frühling

Sophie
Schmetterling flieg
herzbunt
die Liebe ist eine Feder
unser Leben singt Wind

Gott

Steve
Gott
kann man
in den Ohren
hören“

Märchen und deren moderne Formen

Ich arbeite immer wieder auch gerne mit längeren erzählenden Märchentexten. Märchen gehen uns alle an. Märchen sind älter als die Schrift selbst und fließen auch in moderne Gattungen wie Fantasy, Science Fiction oder Mystery ein, werden in Film, Fernsehen, Buch und Computerspiel immer noch von vielen geliebt.

Die Begriffe

Märchen

Das Wort Märchen selbst kommt aus dem Mittelhochdeutschen und leitet sich von dem Begriff „maere", einer Verkleinerungsform, ab, die so viel wie Kunde oder Bericht bedeutet. Bei Märchen handelt es sich um Prosatexte, die von wundersamen Begebenheiten erzählen. Das Märchen ist eine sehr alte Textgattung, die zunächst nur mündlich überliefert wurde. Außerdem finden wir diese Gattungen allen Kulturkreisen der Welt. Im Gegensatz zum mündlich überlieferten und anonymen Volksmärchen steht die Form des Kunstmärchens, dessen Autor bekannt ist. Was den deutschsprachigen Raum betrifft, so erlebte das Märchen in der Romantik, insbesondere durch die Sammlung der Gebrüder Grimm, eine neue Blüte.

Im Unterschied zu anderen fantasiereich erzählten Gattungen wie etwa der Legende oder der Sage sind Märchen frei erfunden, und ihre Geschichten zeichnen sich dadurch aus, dass sie weder zeitlich noch örtlich festgelegt sind. Dadurch sind und bleiben Inhalte für alle Zeiten und alle Menschen auf eine gewisse Art und Weise relevant. Allerdings ist die Abgrenzung zwischen der mythologischen Sage und dem Märchen unscharf, beide hatten vermutlich eine gemeinsame Wurzel. Ein bekanntes Beispiel ist das Märchen Dornröschen. Wissenschafter wie Friedrich Panzer betrachten dieses als eine einfache Variante der Brünhilden-Sage aus dem Nibelungenlied.

Meist weisen Märchen das Erscheinen fantastischer Elemente in Form von sprechenden Tieren auf, aber auch Zaubereien von Hexen und Magiern. Geschichten über Mischwesen wie Riesen, Zwerge, Elfen und Kobolde sowie Geister und Wesen, die zwischen der Tierwelt und der Vorstellungswelt liegen (Drache, Einhorn) spielen darin oft eine wesentliche Rolle. Dennoch ist das Märchen stark angebunden an die Realität. Viele Märchen weisen sozialrealistische oder sozialutopische Inhalte auf. Das sagt viel über die gesellschaftlichen Bedingungen der Zeit aus, in der die Texte entstanden sind. Herrschaft und Knechtschaft, Armut und Hunger, aber auch auch Familienstrukturen zur Zeit ihrer Entstehung, Umformung oder schriftlichen Fixierung werden in Märchen immer wieder thematisiert und hinterfragt. In den Jahrhunderten nach ihrer Verschriftlichung wurden die Märchen immer mehr mit anderen medialen Elementen angereichert: Bilder, Illustrationen, Übersetzungen, Nacherzählungen, Parodien, Dramatisierungen, Verfilmungen, Vertonungen und so weiter traten an die Stelle der mündlichen Weitergabe. Einerseits muss man sagen, dass die Verschriftlichung der Gebrüder Grimm in der Romantik sehr viel dazu beigetragen hat, dass große Schätze alter Dichtung für die Allgemeinheit gesammelt wurden, andererseits aber setzt diese Tatsache auch der mündlichen Weitergabe eines mono-medialen Texttyps ein jähes Ende.

Heldenreise

Bei der sogenannten „Heldenreise“ handelt es sich um kein Genre, sondern um einen fixen Ablauf, nach dem Geschichten konzipiert sein können. Die Idee der Heldenreise wurde vom amerikanischen Mythenforscher Joseph Campbell, 1904–1987 entwickelt. Er fand heraus, dass alle bekannten Heldenmythen der Welt auf einem einfachen Grundmuster beruhen: Die Taten eines Protagonisten ereignen sich auf einer Heldenfahrt oder Heldenreise, im Englischen als „Quest“ bezeichnet, die durch typische Situationsabfolgen und Figuren gekennzeichnet ist, die uns in allen Kulturkreisen wieder begegnen. Diese wahrscheinlich dem Unterbewussten des Menschen entsprungene archetypische Grundstruktur bezeichnet man oft auch als Monomythos, ein Begriff, der von James Joyce entwickelt wurde. Von der Odyssee bis hin zu Disneys König der Löwen können wir diese Struktur in der Geschichte finden.

Auf seiner Recherche basierend hat Campbell die Heldenfahrt („A Hero's Journey“) in der Literatur und im Film etablieren können und dadurch große Popularität und Einfluss erlangt. So basieren beispielsweise alle Star-Wars-Filme auf der Heldenreise. Ein weiterer wichtiger Vertreter, der in diesem Themenfeld forschte, war der in Hollywood wirkende Christopher Vogler. Mit seinem Buch The Writer's Journey (Die Odyssee des Drehbuchschreibers) wurde das Modell der Heldenreise weltweit bekanntgemacht. Im deutschsprachigen Raum entwickelte die Medienwissenschaftlerin Michaela Krützen diesen Begriff in ihrem Buch „Dramaturgie des Filmes“ weiter. Sie benutzte das Format der Heldenreise zur Analyse von Mainstream-Filmen wie etwa „Das Schweigen der Lämmer“ oder auch „Pretty Woman.“ Aber auch im therapeutischen Bereich und im Bereich des Coaching wurde und wird Campbells „Zyklus der Heldenfahrt“ verwendet und für psychologisches und initiatorisches Training benutzt.

Mystery

Im Deutschen handelt es sich um die ursprünglich aus dem englischsprachigen Raum stammende Bezeichnung für ein Genre in der Trivialliteratur, das sich am besten als eine Mischung aus Horror- und Fantasy-Elementen fassen lässt. Die Nähe zum Märchen ist sehr groß. Man könnte sogar sagen, dass sich die Elemente, die sich im Märchen mit dem Verborgenen und Rätselhaften befassen, abgespalten haben und mit Mystery nun ein eigenes Genre entwickelt haben. Seltener kommen in Mystery-Texten oder Filmen auch Bezüge zur Science Fiction vor – man denke hier z.B. an „Dark City“ von Alex Proyas aus dem Jahre 1998. Gegenwärtig existiert eine große Liebe für das Vermischen von Realem und Phantasiertem, wie wir es in der Fernsehserie Akte X – Die unheimlichen Fälle des FBI (1993–2002) finden. Aber auch andere Serien, wie beispielsweise „Lost“ (2004–2010), sowie Filme, die sich mit dem Übernatürlichen auseinander setzen, wie „The Sixth Sense“ aus dem Jahre 1999 haben dazu beigetragen, dass sich „Mystery“ heute großer Beliebtheit erfreut.

Science Fiction

Science Fiction ist, ähnlich wie Mystery oder Fantasy, ein eher jüngeres Genre, jedoch spätestens seit Jules Vernes wichtiger Teil der Weltliteratur. In vielen Sprachen wird der Terminus als Lehnwort verwendet, das eigentlich aus dem Englischen stammt und sich aus den Begriffen „Science“ – was soviel bedeutet wie Wissenschaft – und „Fiction“, also übersetzt Prosa oder Erzählliteratur, zusammensetzt. Im Bereich der Literatur gehören zu dieser Gattung Romane, Erzählungen, Drehbücher und andere Formen der Fiktion. Seine beliebteste Ausprägungsform hat das Genre aber auch im Film und in der Serienkultur – man denke hier nur an Werke wie „Star Trek“ oder „Star Wars“, aber auch an Arbeiten von Tarkovskij wie etwa „Odyssee“ oder „Stalker“, die sich literarischen Vorgaben von Stanislaw Lem annähern. Der Begriff hat sich seit den 1930er Jahren im professionellen Bereich und unter Liebhabern etabliert, ist aber heute weltweit verbreitet und anerkannt.[4]

Horror

Der Begriff „Horror“ stammt aus dem Lateinischen und bedeutet soviel wie Schrecken oder Entsetzen. Zunächst etablierte sich „Horror“ in literarischen Texten, deren Gegenstand die Schilderung von angsteinflößenden und oft übernatürlichen Ereignissen waren. In diesen Arbeiten rückten überwiegend grausige Protagonisten wie Monster, Untote und Dämonen, aber auch brutale Handlungen wie Verstümmelungen und Quälereien in den Vordergrund. Im Horror begegnet uns in abgespaltener Form der Bereich des Märchens wieder, der sich mit Toten und Geistern beschäftigt. Wichtige Literaten waren hier Edgar Allen Poe oder später auch H.P. Lovecraft. Basierend auf dem literarischen Genre entwickelte sich in den 1930er Jahren der Horrorfilm, ein Filmgenre, das versucht, den Zuschauer in Schrecken und Verstörung zu versetzen. Oft finden wir hier übernatürliche Akteure wie Geister oder

4 Vgl.: https://de.wikipedia.org, Stand vom 15.1.2015

Untote, aber auch rätselhafte, sehr an das Genre „Mystery" erinnernde Phänomene und Begebenheiten, von denen eine zumeist lebensbedrohliche und traumatische Gefahr für die Hauptfigur des Filmes ausgeht. Die deutsche Bezeichnung Gruselfilm wird tendenziell eher für ältere Horrorfilme verwendet.[5]

Praktische Übung

So kompliziert die Abgrenzung der unterschiedlichen Begriffe zueinander ist, so einfach sind die damit einhergehenden praktischen Übungen: Ich lese meinen Kindern einen kurzen Text, entweder ein Märchen oder das erste Kapitel eines Mystery-, Science-Fiction-, Horror oder Fantasy-Romans, wobei es hier natürlich wichtig ist, zu beachten, dass jungen Kindern Genres wie Mystery und Horror eher nicht zugemutet werden sollen, und erzähle dann ein wenig über die unterschiedlichen Gattungen. Danach wird in einer 30-minütigen Schreibzeit ein eigenes Märchen oder der Beginn eines Romans einer der erwähnten Gattungen versucht. Im Anschluss lesen wir einander die Texte vor und versuchen, herauszufinden, warum es sich hier z.B. um Fantasy handelt und nicht um ein Märchen.

Methodisch-didaktisch

Das Erzählen von Märchen lehrt uns, komplexere Handlungsabläufe und Geschichten zu entwickeln, eine Linie zu verfolgen. und etwas ganz Bestimmtes zu erzählen.

5 Vgl.: https://de.wikipedia.org, Stand vom 15.1.2015

Therapeutisch

Nicht umsonst gibt es eine neue Strömung, die sich Märchentherapie nennt. Die Vorläufer dieser Therapieform stammen vom Beginn des 20. Jahrhunderts: Sigmund Freud und Carl Gustav Jung bereits beschäftigten sich mit Archetypen, die in unserem Unterbewusstsein eine wichtige Rolle spielen. Archetypen sind Kräfte und Anteile in uns, die die Form von Personen annehmen können, wie beispielsweise der Magier oder der Engel. Seit damals hat sich die moderne Psychologie mit Märchen und ihrer heilenden und entwicklungsfördernden Wirkung jedoch enorm intensiv beschäftigt und weiter entwickelt.

In dieser Strömung geht es darum, mit Hilfe von Märchen in Kontakt mit eigenem seelischen Potenzial, aber auch mit eigenen seelischen Wunden zu treten, die Stärken auszubauen und die sogenannten Schwächen in Stärken zu verwandeln. Märchen helfen uns, denn sie sind uralt und bringen uns so in Verbindung mit unseren Wurzeln. Denn obwohl es sie schon so lange gibt, sind sie niemals veraltet. Jedes Volk hat seine ihm eigenen Märchen. Märchen bieten eine Fülle an stecken Weisheit und Wahrheit und bergen gleichzeitig ein großes Wissen um die menschliche Seele, ihre Verstrickungen und Verwirrungen. Außerdem öffnen sie uns die Tore zu unserem Unbewussten. Die Ihre Symbole, die in ihnen auftreten, helfen uns, innere Wahrheiten zu begreifen und zu erfahren. Das bedeutet, dass Märchen sagen, die uns ansprechen, viel über unsere Sehnsüchte, Wünsche und Bedürfnisse aussagen. Durch die Hauptfiguren und deren Entwicklung können wir vielleicht erkennen, welche Konflikte wir selbst in unserem Leben noch bewältigen müssen.

In einer Therapiesitzung versucht der Klient, seine Probleme zu verbalisieren und so zu verwandeln. Das ist keine leichte Aufgabe. Oft scheint es einfacher, sich über die Person eines Märchenhelden, der vor derselben Problematik steht, wie man selbst, klare Aussagen zu treffen. Denn wir identifizieren uns zwar mit dem Märchenhelden, treten aber auch zu ihm in Distanz und haben so einen entspannteren Blick auf die Situation. Beim Verfassen eines Märchentextes gelingt es uns viel leichter, die eigenen Probleme zu formulieren. Der Schreibende kann ohne große Befürchtungen Vermutungen über die Ursprünge des Handelns seiner Hauptfigur zum Ausdruck bringen und sie in eine Handlung einbauen, in der das ganze vielleicht zu einem guten Ende findet. Problemlösungen können so auf spielerische Art und Weise gefunden werden. Gleichzeitig bleibt die Situation aber entspannt und wird nicht emotional bedrohlich, denn schließlich ist es ja der Held und nicht wir selbst, die durch all diese schwierigen Erlebnisse hindurch gehen. Durch das Verfassen von Märchen werden Vorstellungen und Erlebnisse aus dem Unbewussten manifest und in die Gegenwart transportiert. Gerade die bildhafte und realitätsfremde Darstellung des Märchens ist es, die unsere Kreativität aktiviert und neue Lösungsansätze hervor bringt.

Fallbeispiel

Als ich am ersten Tag eine meiner Schreibklassen für schwer erziehbare Kinder und Jugendliche betrete, ist die Stimmung zunächst schwierig. Ich lese einen modernen Märchentext vor, in dem ein Kuscheltier eine Rolle spielt, das zum Leben erwacht. Einige kichern, andere geben abschätzige Bemerkungen von sich.

„Könnt ihr bitte still sein, während ich lese?“ mahne ich laut. Nachdem ich geendet habe und sie bitte, einen eigenen Text zu verfassen, meint Vera, ein 13-jähriges Mädchen, abschätzig:

„Ich weiß nicht, was ich da schreiben soll. Ich hab kein Kuscheltier."

Ich seufze.

„Dann lass es", meine ich.

Ich bin wütend und müde und ein wenig ratlos, da auch die anwesenden Sozialpädagoginnen nicht mit der Situation umzugehen wissen.

Umso mehr muss ich staunen, als Vera bei der nächsten Sitzung unbedingt einen Text vorlesen will und sich dafür als sogar als erste meldete. Der Text war ein Märchen, das in einem grünen Haus hinter einer grünen Wiese beginnt, in der ein Mädchen mit seinen Eltern lebte. Doch dann wurde das Mädchen älter, der Vater schlug es, vergewaltigte es, begann zu trinken und verließ die Familie. Das Mädchen lebte nun allein mit der Mutter, die begann, als Prostituierte zu arbeiten und Drogen zu nehmen.

Erst als ich diese Geschichte höre, begreife ich, unter was für einem Druck Vera steht. Sie ist zwar, wie man mir später bestätigt, schwer drogensüchtig gewesen und hatte eben ihren Entzug erfolgreich hinter sich gebracht. Ein Grund dafür ist sicher gewesen, dass sie eine gute Beziehung mit ihrer Betreuerin führt. Mit einem Mal habe ich nur noch Respekt vor Vera. Wie stark sie ist, dass sie all das erlebt hatte und trotzdem noch so vor mir sitzt und mir diesen Text vorlesen kann: Ein ein junges hübsches Mädchen mit wachen Augen und einer ruhigen, klaren Stimme. Mir wird heiß und kalt gleichzeitig, und am liebsten hätte ich sie umarmt. Nachdem sie geendet hat, lächle ich anerkennend.

„Das ist bei weitem eines der modernsten und mutigsten Märchen, die ich je gehört habe", sage ich und meine es auch. Vera blickt mich erstaunt an.

„Echt!"

Ich nicke.

Am Ende der Textwerkstatt meint das Mädchen, als es mir die Hand reicht, noch leise zu mir: „Ich hab zwar kein Kuscheltier, aber eine Katze hätte ich schon gern."

Ihre Stimme ist weich und sanft dabei, ganz anders, als ich es von der ersten Sitzung her kenne.. „Das versteh ich", sage ich und lächele. „Ich auch."

Textbeispiel

Das Textbeispiel ist hier angehängt. Es erschüttert und benötigt keine weiteren Kommentare.

> „Es war einmal ein Mädchen.
> Sie lebte in einem grünen Haus hinter einer grünen Wiese.
> Alles war sehr schön.
> Doch eines Tages wurde das Mädchen größer und der Vater begann, zu trinken.
> Er schlug die Mutter und machte mit dem Mädchen komische Spiele.
> Er nahm sie her, sagte er.
> Irgendwann verließ er die Familie.
> Aber das war dann auch nicht besser.
> Die Mutter fing an zu trinken und verlor ihren Job.
> Sie nahm einen neuen Job an, in dem Männer ins Haus kamen.
> Manche brachten auch Drogen mit.
> Das Mädchen nahm gemeinsam mit der Mutter und dem Bruder Drogen.
> Da war alles grüner.

Aber nur kurz.
Das Mädchen ging nicht mehr zur Schule und wurde drogensüchtig und magersüchtig.
Eines Tages brachte man es ins Krankenhaus.
Danach schickte man sie zu einer Frau, die sie jetzt regelmäßig trifft.
Die Frau spricht mit dem Mädchen über seine Probleme und spielt mit ihm Handball.
Sie hat sehr grüne Augen.
Sie glaubt an das Mädchen.
Die Frau ist sehr schön.
Das Haus von dem Mädchen steht immer noch da.
Und vielleicht wird doch einmal alles wieder grün sein."

Lustvoller Akt der Performance

Das Bedürfnis, Theater zu spielen, scheint ein ursprünglich menschliches Bedürfnis zu sein. Erste Formen der Performanz entwickelten sich schon in der Frühzeit der Zivilisation in Form von Tänzen und Riten unterschiedlichster Steinzeitkulturen. Jedes Kind hat den Wunsch, zu spielen, darzustellen, in unterschiedliche Rollen zu schlüpfen und diese wieder zu verlassen. Theatertexte mit Kindern und Jugendlichen zu entwickeln macht großen Spaß, da vor allem Kinder aber auch junge Menschen sich selbst noch sehr stark ausprobieren und auf der Suche und am Zusammenbasteln ihrer Identität sind.

Der Begriff

Erste Formen des Schauspiels entwickelten sich schon in der Frühzeit der Zivilisation in Form von Tänzen und Riten unterschiedlichster Steinzeitkulturen. Quellen belegen, dass es im ägyptischen Abydos, also in der Zeit von 2000 bis 1500 vor Christus, religiöse Feste mit theatralen Elementen gegeben haben muss. Jedoch wurden erst in der griechischen Antike neue Grundsätze erfunden, die das, was wir unter dem heutigen Begriff des Theaters verstehen, erschufen.

Die griechische Antike ist die Heimat des Theaters, wie wir es heute kennen. Theatrale Wurzeln finden sich in Chorliedern und Tänzen bei religiösen Festen und Feierlichkeiten, wie beispielsweise den Dionysien, die der Verehrung des Gottes Dionysos dienten.

Mit dem „Theatron", einer Art Zuschauerraum, wurde sprechenden Akteuren hier erstmals die Möglichkeit zu Diskussionen gegeben. Dies geschah in der Zeit, in der sich die griechische Demokratie in ihrer Entstehung befand. Andererseits lassen sich theatrale Wurzeln in diversen religiösen Festen und Feierlichkeiten wie beispielsweise den Dionysien finden, die der Verehrung des Gottes Dionysos dienten. Das Theater der griechischen Antike ist eng mit der Entwicklung der Demokratie in Athen verbunden: Es stand für das Selbstbewusstsein der Polisbürger und war demokratisches Recht. Politik und Religion waren in Zeiten der griechischen Antike in einer untrennbaren Gesamtheit miteinander verbunden. Erste Abhandlungen, die die Theaterwissenschaft begründeten und vor allem eine Einheit von Ort, Zeit sowie Handlung verlangten, finden wir bei dem Philosophen Aristoteles. Von Athen aus wurden die von Aischylos, Sophokles und Euripides entwickelte Tragödie und die von Aristophanes zur Blüte gebrachte Komödie Das athenische Dionysien-Theater, eines der ersten Formen des Schauspiels, entwickelte sich nach und nach zum Prototypen des Theaters und wurde durch die griechischen Kolonien im ganzen Mittelmeerraum exportiert; in demselben Maße, indem das griechische Reich wuchs. Es besaß neben dem Zuschauerraum eine Bühne – die sogenannte „skené" – auf der die danach benannte Szene auf Bildern dargestellt wurde. Sowohl die Tragödien – übrigens die ersten Formen des Dramas seit spätestens 534 v. Chr. – als auch die Komödien, deren Aufkommen man seit etwa 480 v.Chr. beobachten kann, dienten der Verehrung des Gottes Dionysos. Ursprünglich wurden alle Dramen nur einmal gezeigt, erst etliche Jahrzehnte später einzelne Stücke auch vor anderem, neuem Publikum wiederholt. Aristoteles verfasste dazu eine erste Dramaturgie des Theaters.

Praktische Übungen

Zuerst lasse ich die Kinder oder Jugendlichen frei den Raum beschreiten, sich austoben und langsam zur Ruhe kommen. Hin und wieder bietet es sich auch an, mit Musik zu arbeiten.

In einer nächsten Übung lasse ich die Kinder miteinander improvisieren. Hier kann man variieren, kann eine oder mehrere Kinder bzw. Jugendliche aufeinander treffen lassen. Gerade bei einer Improvisationsanleitungen mit zwei oder mehreren Kindern kann es recht wild und bewegt zu gehen. Hin und wieder kommt es zu Kämpfen, aber auch – vor allem bei Mädchen – zu gemeinsamem Kuscheln und Kichern oder Tanzen, wie ich im Kapitel „Krafttiere" bereits ausgeführt habe. Oft bietet es sich an, den Kindern ein Wort oder einen Begriff hin zu werfen, den sie in ihre gemeinsame Improvisation aufnehmen müssen. Oder aber man bittet sie, wieder in die Menschen, Gegenstände oder Tiere hinein zu schlüpfen, in die sie sich im ersten Teil der Übung verwandelt haben. Ein Wort, mit dem ich sehr gerne arbeite, ist „frisches Blut". Denn Dramatik ist- wie wir ja wissen- immer dramatisch, und Blut eine körpereigene Substanz, die nur in dramatischen Fällen ausströmt. Ich bitte die Teilnehmenden, eine kurze Szene zum Thema „Blut" zu spielen. Es gibt dabei nur eine Vorgabe: das Das Wort selbst darf nicht verwendet, sondern ausschließlich dargestellt werden.

Ist die Improvisationseinheit beendet, so benötigen die Kinder oder Jugendlichen meistens eine Pause. Danach lese ich ihnen einige Minidramen aus der Anthologie „Frisches Blut" von Lucas Cejpek vor und versuche, die ausschließlich aus Minidramen zu dem Thema besteht, und versuche, sie dadurch noch weiter zu dem Thema anzuregen. Dann findet man sich in Gruppen zusammen – es bietet sich an, dabei die miteinander improvisiert haben, wieder in dieser Form zusammenzubinden, oder aber man lässt Freunde miteinander arbeiten- und verfasst zu dem Thema eine abgeschlossene, in sich stimmige Szene mit einer Pointe. Wichtig dabei ist, dass das Wort „Blut" auf keinen Fall verwendet werden darf. Dadurch entstehen die witzigsten Geschichten, die von Ketchup über Vampire bis hin zu Lippenstiften und plötzlichen Toden alles bieten, was das Leben so ausmacht.

Methodisch-didaktisch

Durch die Körperlichkeit der gemeinsamen Improvisation kommt Kraft zum Fließen und Ruhe wird wieder hergestellt. Dadurch, dass wir die spontane Reaktion in Aktivität bringen, werden unterschiedliche Ebenen in unserem Kopf vernetzt. Kommunikation wird möglich. Wir lernen, schnell aufeinander zu reagieren und miteinander Kontakt aufzunehmen sowie Gedankengänge von anderen spontan weiter zu denken, ohne dass wir zu viel Grübeln. Szenische Improvisationen sind gut für das erste Kennenlernen und den Zusammenhalt in einer Gruppe. Gleichzeitig werden wir locker und kreativ – die beste Voraussetzung, um schwierige Lerninhalte zu verarbeiten.

Therapeutisch

Theater und szenische Improvisation werden seit einigen Jahrzehnten auch als therapeutische Verfahrensweisen eingesetzt. Eine wichtige Strömung hier ist das Psychodrama.

Im Mittelpunkt des Psychodramas stehen, ähnlich wie im realen Leben, Handlungen, die hier in einer Gruppe statt finden und in sogenannte Szenen gebracht werden. Die Abläufe haben kein festes Schema, denn es handelt sich um eine Aktionsmethode, die nur im Moment erfahren und erlebt werden kann. Im wesentlichen aber lässt sich folgendes festhalten:

Zur Gruppe gehört ein Psychodrama- LeiterIn. Bei einer Szene steht jeweils eines Gruppenmitglied, der sogenannte Protagonist, im Zentrum. Der Leiter erarbeitet mit ihm seine Geschichte und bittet ihn, diese in einer Szene vorzustellen. Für dieses Spiel gibt es kein vorgefertigtes Schema, sondern es entwickelt sich aus dem Moment und in der gemeinsamen Situation. Der Protagonist die Wahl, welche Szene aus seinem Leben er mit den übrigen Gruppenmitgliedern darstellen und durcharbeiten will. Dann sucht er sich innerhalb der Gruppe Personen - sogenannte „Hilfs-Ichs“ -, die in seiner Szene für die wirklichen Personen stehen. Für sich kann er einen Stellvertreter, genannt „Alter Ego“, aussuchen, um sich die Szene von außen anzusehen, oder auch selbst mitspielen. Die Aufgabe des Leiters ist es, den Spielverlauf zu lenken und die Szene zum Abschluss zu bringen. Durch Rollentausch kann der Protagonist in die Schuhe anderer Personenanderer Personen schlüpfen und dadurch die andere Seite der Interaktion kennenlernen. Dadurch gelingt es ihm, sein eigenes Verhalten und Erleben im Spiegel einer anderen Person zu betrachten. In einem inneren Monolog kann der Protagonist einer anderen Person alles sagen, was er im realen Leben niemals sagen würde.

Ist diese Improvisationseinheit beendet, so kommt es zum „sharing“ in der Gruppe. Der Protagonist erfährt, wie die Mitglieder der Gruppe selbst solche Situationen erlebt haben und was dadurch ausgelöst wurde. Durch das sogenannte „Rollenfeedback”, das Feedback einzelner Personen, erfährt der Protagonist, was die Darsteller in den Szenen erlebt haben. Auch hier ergeben sich für ihn spannende Momente, da er an der Perspektive des „anderen” Reaktionen auf sein Verhalten erfährt und erkennen kann, welche Aktionen von ihm was ausgelöst haben und warum.

Das Psychodrama bietet eine Hilfeleistung an, wenn es darum geht, eigenes Handeln besser kennen zu lernen und darüber hinaus neue Problemlösungen und Handlungen für fest eingefahrene Situationen auszuprobieren. Gleichzeitig kann das Psychodrama dazu beitragen, spontanes und kreatives Handeln zu fördern.

Für meine Schreibklassen gilt, auch wenn die Improvisierenden nicht ihr eigenes Leben darstellen, Ähnliches: Die Aktionsmethode bringt uns in den Moment, das gemeinsame Handeln und die Reaktion der anderen zeigt uns, wo wir stehen. Auf gewisse Weise improvisieren wir ja immer mit Ich-Anteilen, und jede Improvisation sagt auch etwas über unser Leben und unseren momentanen Zustand aus. Dadurch, dass die Einheiten aber zu einem vorgegebenen Thema gehalten werden, bleibt das Setting, wie auch beim Märchen, in dem wir den Helden haben, der uns hilft und für uns steht, immer auch ein wenig in Distanz. Erfahrungen, Gefühle und innere Bilder können so verarbeitet, eingebracht und kreativ umformuliert werden.

Fallbeispiel

In meiner Schreibklasse mit schwer erziehbaren Jugendlichen entwickeln wir in der Gruppe ein kleines Minidrama. Ich lasse die Jugendlichen zunächst die Kreisübung machen. Das ist einigen der Teilnehmern schon ein wenig peinlich. Dann aber beginnen sie, miteinander in Kontakt zu treten. Bei der Improvisationsübung beginnt Lara, eine der üppigen und etwas ungeschickten Teilnehmenden, eine Szene aus dem Alltag nachzuspielen, in der sie sich mit einem Gurkenmesser verletzt hat. Auch hier geht es um den Begriff „Blut". Bei der Improvisation wird sie von Tom, dem sie offenbar ganz gut gefällt, der aber seine Gefühle so nie hätte äußern können, an den Schultern genommen und hin und her bewegt. Tom ist ein tätowierter Mechanikerlehrling mit breiten Schultern und einer recht ruppigen Art, auf Fragen zu antworten. Scheinbar tot fällt Lara um.

„Du musst wiederauferstehen!" flüstert Tom. „Du bist jetzt nämlich eine Zombie-Gurke!"

Alle lachen und Lara erhebt sich, über und über rot geworden, aber lächelnd. Sofort haben andere Kids weitere Ideen, wie die Zombie-Gurken die Weltherrschaft an sich reißen konnten und es entsteht ein kleines Theaterstück, das wir am Ende sogar in ein Drehbuch verwandelten.

Textbeispiel

„Guinness Buch der Gurke"
(Wie die Gurke alle besiegte)

Theaterstück/ Drehbuch:
Tamara, Petra, Becky, Michi, Stefan, Dominik, Sophie

Figuren:
Michi, Gruftie mit Messer..Michi
Zeus..Stefan
Becky, Becky als Gurkenzombie...Becky
Tamara, Tamara als Gurkenzombie...................................Tamara
Hubert...Andrea
Volker...Lissy
Petra als Kindchen mit Schnuller,
Petra als Gurkenzombie..Petra
Götterstimme mit Tattoo...Dominik

Kamera:
Andrea

Schnitt:
Sophie

Musik:
Dominik, Michi

Schnitt:
Zwei Gurken mit weißen Strichen in Großaufnahme als Filmklappen.

Stimme: Gurke die Erste.

Schnitt.

Innen: Im therapeutischen Zentrum um 18 Uhr am 38. 45. 1938. Becky sitzt am Tisch, hat Englischbücher neben sich aufgeschlagen und ein paar Gurken als Stärkung daneben liegen.

Becky: Ich mag nimmer in die Schule gehen.

Volker: Das schaffst du schon.

Becky: Ich kanns eh nicht.

Becky steht auf. Sie schmeißt Bücher und Gurken umher. Sie nimmt eine Gurke und schlägt auf Volker ein, als wäre die Gurke ein Schwert. Volker ergreift ebenfalls eine Gurke.

Volker: En garde!

Volker und Becky fechten. Becky ist stärker als Volker, der schließlich weinend davonläuft.
Schnitt.
Innen. Großaufnahme Dominiks Tattoo auf der linken Hand. Stimme aus dem Off:

Götterstimme: Bis einer weint.

Schnitt.
Beckys Gesicht in Großaufnahme. Sie beißt von der Gurke ab. Macht Kotzgeräusche. Man kann sehen, dass sie krank wird.
Schnitt.
Zeus sitzt mit Trinkhorn da.

Zeus: Die Moral von der Geschicht´ ist eine spanische Gurke nicht.

Schnitt.
Michi als Gruftie mit lauter Messern um sich herum. Spricht lässig und cool.

Michi: Meine Freundin hat sich beim Gurkenschneiden das Messer in den Fuß gerammt.

Schnitt.
Tamara mit bunter Gurke an einem Stecken in Großaufnahme.

Tamara: Ich bin die böse Gurke und spiel den Schurke.

Schnitt.
Becky ersteht nun als Gurkenzombie auf. Sie trägt einen grünen Overall.

Becky als Gurkenzombie: Ich bin jetzt ein Gurkenzombie.

Schnitt.
Tamara sitzt gemütlich vorm PC. Beckyzombie schleicht sich an sie heran und beißt sie.
Tamara fällt vom Stuhl und röchelt.

Schnitt.
Tamara trägt nun auch einen grünen Overall. Sie ist ebenfalls ein Gurkenzombie.
Schnitt.
Petra liegt da, wie ein kleines Kind gekleidet. Sie hat Zöpfe und eine pinke Masche im Haar. Außerdem nuckelt sie an einem Schnuller. Tamarazombie und Beckyzombie schleichen sich an sie heran. Wollen sie beißen. Petra erwacht, steht panisch auf, beginnt zu laufen. Sie stolpert über einen Stuhl.
Schnitt.
Dominiks Tattoo, Stimme aus dem Off.

Götterstimme: Kind, heb deine Beine. Wofür hat Gott dir die Beine gegeben. *Lacht hämisch.*

Schnitt.
Beckyzombie, Tamarazombie und Petrazombie, die jetzt auch einen Gurkenoverall trägt, laufen Michi nach. Michi rennt.
Schnitt.
Michi kommt keuchend bei Volker an. Die drei Zombies bei der Tür hintendrein.

Michi: Volker, ich brauch einen Anti-Gurken-Spray.

Volker *reicht Michi den Sprayer:* Stell dich deinen Problemen.

Michi sprayt Beckyzombie, Tamarazombie und Petrazombie an. Diese fallen zu Boden.
Schnitt.
Becky, Tamara und Petra sind nun entgurkt. Sie tragen keine giftgrünen Overalls mehr.

Schnitt.
Dieselbe Einstellung wie am Anfang des Films.

Becky: Ich hab in Englisch einen Aufsatz über eine Gurke geschrieben und einen Einser gekriegt.

Hubert: Ich bin stolz auf dich.

Kitschige ironische Musik wird eingeblendet.
Schnitt.
Abspann: Wir sehen verschieden bemalte Gurken in den unterschiedlichsten Formationen, vielleicht auch einige Auszüge aus dem Material. Dann läuft jede Figur mit eingeblendetem Namen (kann auch nur der Vorname sein) durch das Bild.

ENDE[6]

Lautgedichte

Wie bereits im Kapitel über die Soundpoesie erwähnt, bin ich der Meinung, dass Klänge, besonders in Verbindung mit Worten, eine sehr starke Wirkung auf uns ausüben. Verknüpft man diese auch noch mit der Ebene der Schriftlichkeit, dann entstehen in den Köpfen oft ganze Feuerwerke an Vernetzungen unterschiedlicher Gehirnregionen. Die Lautpoesie bietet sich an, weil sie mehrere Ebenen gleichzeitig bedient: die Klangliche, die Lautliche und die der Bedeutung.

6 Vgl.: Corinna Pummer: „Schlüsselmomente“ (2012). TG Steiermark, Graz 2012.

Der Begriff

Lautgedichte haben eine mehr als hundertjährige Tradition. Bereits in der Romantik entstanden die ersten sogenannten Klanggedichte, die noch aus Worten bestanden, aber auf logische Sinnzusammenhänge großteils verzichteten. Als sich das Jahrhundert dem Ende neigte, entstanden erstmals tatsächliche Lautgedichte, die logische Zusammenhänge und das Erzählen von Geschichten gänzlich fallen ließen und wirklich nur noch auf Laute setzten. Hier sind Christian Morgenstern und Hugo Ball wahrscheinlich die wichtigsten Vertreter im deutschsprachigen Raum. Mit Hugo Ball fand das Lautgedicht auch Eingang in den Dadaismus, wobei die Dadaisten diese Form oft nutzten, um Texte zu kreieren, die sich nur noch aus Buchstabenfetzen zusammen setzten. Die Herangehensweise der Dichter ist dabei unterschiedlich. Hin und wieder sind es nur noch Laute, die über ihren Klang extreme Assoziationsbereitschaft erfordern, sich aber gar nicht mehr in Sinn auflösen lassen, dann aber wird wieder von einem Autor versucht, eine Geschichte über Laute zu erzählen, die man durch Nachfühlen des Klangs nachvollziehen kann. Wie auch immer der Ansatz jedoch sein mag: Lautgedichte muss man sich auf der Zunge zergehen lassen. Sie brauchen den mündlichen Vortrag. Erst dann entfalten sie ihre ganz eigene Wirkung.[7]

Praktische Übung

Die nächste Übung ist denkbar leicht. Ich lese meinen Kursteilnehmenden folgendes Gedicht von Paul Jandl vor:

7 Vgl.: https://de.wikipedia.org, Stand vom 15.1.2015

ottos mops

ottos mops trotzt
otto: fort mops fort
ottos mops hopst fort
otto: soso

otto holt koks
otto holt obst
otto horcht
otto: mops mops
otto hofft

ottos mops klopft
otto: komm mops komm
ottos mops kommt
ottos mops kotzt
otto: ogottogott

Meistens lachen die Kursteilnehmenden am Ende. Ich frage sie, was in diesem Text der wichtigste Klang ist und natürlich kommt dann die Antwort: „das O!“

In der nächsten Phase, die meist 30 Minuten dauert, verfassen die Kinder wie üblich einen Text, der mit lautpoetischen Mitteln arbeitet und den sie sich einander in der darauf folgenden Einheit vorlesen.

Methodisch-didaktisch

Durch das Verfassen eines lautpoetischen Textes vernetzen sich unterschiedliche Arten zu denken in unserem Kopf: Der begriffliche Raum wird mit dem für das Bildhafte zuständigen Raum verknüpft. Gleichzeitig kommt es immer zur Erzählung einer kleinen Geschichte- es wird also auch das strukturelle Denken angeregt. Wir lernen, auf neue und kreative Art und Weise Inhalte zu vermitteln und erfahren, dass Sinn nicht immer logisch sein muss.

Therapeutisch

Wir alle werden von Klängen tagtäglich berührt. Bei einem natürlich erzeugten Klang jedoch befinden sich alle Schwingungen in Resonanz miteinander. Sieht man nun Krankheit als eine aus dem Gleichgewichte geratene Ordnung der körpereigenen Schwingungen, die der Körper aus eigener Kraft nicht mehr ins Gleichgewicht und in die natürliche Ordnung zurück bringen kann, dann ist naheliegend, dass Klänge und alles, was klingt, im Körper Erstaunliches bewirken können, bis hin zur Wiederherbeiführung des Normalzustandes des gesamten Systems. Das geschieht durch ein In-Resonanz-Kommen vom seelisch und/oder körperlich beeinträchtigten Kranken. Klangwerkzeuge wie Klangschalen, Stimmgabeln oder aber auch die menschliche Stimme können dazu verwendet werden. Nicht umsonst gibt es das Wort „Einklang“. Wenn wir uns den richtigen Schwingungen hingeben, gelingt es uns, zu entspannen und loszulassen, und vielleicht unsere Bestimmung zu entdecken, wegen der wir auf der Welt sind.[8]

8 Vgl.:http://www.stimmlabor.de/pdf/vortrag-klang-und-heilung.pdf

Da nun die Lautpoesie sehr stark auf der Ebene des Klanges arbeitet, wirkt sie immer unmittelbar auf unseren Körper und bringt uns dazu, in eine neue Schwingung einzutreten. Darüber hinaus aber verbindet dieser Sound sich auch mit einem Wort und erzählt manchmal eine Geschichte. Unterschiedliche Regionen in unserem Kopf treten bei dem Verfassen eines Lautgedichtes miteinander in Bezug, die sinnliche und die begriffliche Ebene werden miteinander in Einklang gebracht und eine gewisse Harmonie zwischen Denken und Spüren kann so ganz spielerisch hergestellt werden.

Fallbeispiel

Lena ist ein besonderes Mädchen. Meistens schweigt sie, manchmal stellt sie besondere Fragen, braucht für jeden Text mehr Zeit als die anderen und lispelt. Kein Wunder, denn Lena hat eine Hasenscharte. Ich habe sie von Anfang an ganz besonders ins Herz geschlossen und es tut mir leid, dass sie sich in den Feedback-Runden immer sehr zurücknimmt und sich nicht traut, ihren Text zu lesen.

„Muss ein Tier darin vorkommen?“, fragt sie, als ich Ottos Mops vorgelesen und freie Schreibzeit „verordnet“ habe.

„Das wäre super. Eines, das du magst vielleicht?“, meine ich.

Lena entgegnet mit einem für ein Kind außergewöhnlich bestimmten und sehr ernsten Unterton: „Ich mag alle Tiere.“

Das gefällt mir. Und das sage ich ihr auch.

„Das ist nicht selbstverständlich“, ergänze ich. „Aber du hast Recht: Man kann an jedem Tier Schönes entdecken, wenn man richtig schaut.“

Lena lächelt verhalten und zieht sich wieder hinter ihr Blatt Papier zurück. Ich bin überaus erstaunt, als sie in der nächsten Gesprächsrunde die Erste ist, die sich zum Vorlesen meldet. Lena beginnt mit lauter, sicherer Stimme und ganz und gar ohne S-Fehler folgenden Text zu lesen:

„Stakalas Starks Stinktier stinkt
bis zur Stier Statue stinkendes Stinktier
stinken: stierig Stänker wie Stinkiestank stinken
bis zur stinkiegefüllten Stierstatue“

Ich sehe sie ungläubig an und die Gruppe beginnt zu klatschen. Wieder einmal hat mir das Leben bestätigt, was ohnehin schon meine Überzeugung gewesen ist: die Die Tiere mit Wunden und scheinbaren Makeln sind die schönsten, denn sie wachsen am weitesten über sich hinaus.

Textbeispiel

Dass das Tierische den Kindern und Jugendlichen oft näher ist als das Lautmalerische, stellt kein Hindernis dar. Folgende Texte entstanden in der Werkstatt mit dem Landestheater Linz.

„Der Papagei der flattert
flapp flapp flapp
flaaapp flaaapp flaaapp
flaaaaapp flaaaapp flaaaapp
flapp
und stürzt ab

Klaras Koala
sie spielt mit der Kithara
sie lebte in Australien
bis sie zog in den Tiergarten
dort sie am liebsten isst das Gras
Eukalyptus vervollständigt ihren Frass
Doch leider gibt es so Zeiten dann
da macht sich gern der Peter ran
an ihren Eukalyptusbaum
der höchste und saftigste hier im Raum
wenn Klara also gerade schläft
ist Peter ganz entzückt und säß
nun gern ganz oben in der Krone
doch Mutter meint, das ist nicht ohne
riskieren, dass sie mit den ganzen Drogen
es nicht mehr aushält lang da oben
und schlicht ganz traurig runterfällt
- na hallo, neue Welt!

Es bumpat da Specht
gengas Hoiz vo da Ficht
dass i Wurm so da Kopf poch
sie vor Furcht fast erdrückt

No kummt a Habicht
jogt in Specht vo do weg
und hid da Wuam no a Glück
dass na da Tod ned erweckt

Ein Kakadu der kackt
kackt in seinem Knast

auf einem Kackbett
kack kack
Der Kaktus knapp daneben
denkt kurz „Wasn kack“
denn der Kakadu kackt
kurzerhand ihm auf den Kopf.
Verkackt! “

In strengerem Sinn handelt es sich zwar bei keinem der Beispiele um ein richtiges Lautgedicht, aber die Texte sind dermaßen großartig gebaut und originell, dass das keine Themenverfehlung ist. Vielmehr gilt hier des Dalai Lamas weiser Leitsatz: „Lerne die Regeln, damit du sie RICHTIG brechen kannst.“

Alles Text!

Nichts kann so befreiend sein wie ein Sich-Lösen bereits vorhandener Formen, Ideen und Vorstellungen. Mit den Jahren habe ich daher eine lockere Haltung entwickelt, indem ich, auch auf den Spuren des Surrealismus, ganz bewusst so genannte „objets trouvés“, also „Fundstücke“ aus dem Alltag, in den kreativen Prozess einband.

Begriffe

Fundstücke

Die Arbeit mit „objets trouvés“ – einem Begriff, der aus dem Französischen stammt und übersetzt „Fundgegenstände“ bedeutet – begann sich mit der Bewegung des Surrealismus zu etablieren. Der Surrealismus ist eine künstlerische Bewegung, die sich zu Beginn der 1920er Jahre um den französischen Dichter André Breton herum gruppierte. Eines ihrer Vorbilder war Guillaume Apollinaire, eine Zentralfigur der frühen Avantgarde in Paris. Weitere literarische Vorreiter finden wir beispielsweise in Marquis de Sade, Lautréamont oder auch Charles Baudelaire.

1924 entstand das 1. Manifest des Surrealismus von André Breton und die Gründung der Zeitschrift „La Révolution Surréaliste“, die eine Hinwendung des Künstlers zum Alltag propagierten und eine Verweigerung von jeglicher Logik mit einbanden. Zu den Protagonisten gehörten neben Breton, Louis Aragon, Paul Élouard, Robert Desnos, Benjamin Péret, Réne Crevel, Philippe Soupault, Michel Leiris, Robert Queneau. Der Surrealismus wird, eben weil er jede Form des logischen Denkens bewusst auszuklammern versuchte, als spontane Methode definiert, die ein Instrument zur Befreiung aus dem Unbewussten sein soll. Den Vertretern des Surrealismus war es wichtig, dass Kunst und Leben keine Gegensätze mehr sind.

Automatisiertes Schreiben

Die Texte der Surrealisten zeichnen sich meist durch gigantische Metaphern und Allegorien aus. Viele der Arbeiten entstanden mit einer neuen Technik, die sich automatisiertes Schreiben nennt und von André Beton und Philippe Soupault entwickelt wurde. Bei dieser Technik notiert man ungefiltert, was einem gerade einfällt. Durch diese Herangehensweise entstehen oft absurde Texte, die an Träume erinnern. Ein großes Anliegen ist auch hier die Aufhebung der Trennung von Kunst und Nicht-Kunst, Poeten und Nicht-Poeten, denn Worte niederschreiben, die einem gerade einfallen, kann jeder.

Traumtagebücher

Weitere bewusstseinserweiternde Strategien, derer sich die Surrealisten bedienten, waren auch die sogenannten Traumtagebücher. So bezeichnete Philippe Aragon den Surrealismus als „Bewegung in Gestalt einer Traumwelle". Der Traum verkörpert unausweichliche und grenzenlose Freiheit sowie Momente wie den Rausch und die Ekstase. André Breton definierte daher den Surrealismus als eine Bewegung, bei der „das Ineinander von Genauigkeit und Unbestimmtheit" eine zentrale Rolle spielt. Die wesentlichen Kräfte sind hier: Liberté (Freiheit), imagination (Vorstellungskraft), poésie (Poesie), folie (Wahnsinn).

Der Surrealismus erlebte Ende der 20er Jahre erste Auflösungserscheinungen, ein kurzes Aufflackern danach; ab 1945 war er jedoch fast gänzlich verschwunden. Für ihn waren die Verschränkungen diverser Kunstgattungen wesentlich, ein Ansatz, der bis in die Postmoderne hinein gilt.

Praktische Übungen

Wenn es darum geht, die kreativen Kräfte zur Heilung zu benutzen, ist die Auseinandersetzung mit dem eigenen Unterbewusstsein eine, die man nicht außer Acht lassen kann. Insofern eignen sich gerade die Techniken der Surrealisten ganz besonders für kreative Schreibklassen.

Fundstücke im Kollektiv

Eine Übung, die ich sehr gern mit meinen Teilnehmenden mache, ist die der Arbeit mit „Fundstücken", hier jedoch nicht mit Einzelgegenständen, sondern im Kollektiv: Schon vor dem Kurs bitte ich die Kinder oder Jugendlichen, Fundstücke zu sammeln (Abziehbilder, Schlüsselanhänger, Blätter, Zeitungsausschnitte, Glücksbringer, Fotos...Verlorenes, Weggeworfenes, Verwehtes..., „was immer ihr findet" im urbanen oder ländlichen Bereich) und mitzubringen. Am Anfang der Einheit legen wir dann unsere Schätze auf den Tisch. Jede/r sucht sich 3 und bis 5 Dinge aus und baut sie in einen Text ein. Wie genau das passiert, sei dahingestellt. Die Dinge können als Figuren, können als Themen oder auch als sprechende Gestalten im Text vorhanden sein. Auch die Form des Textes kann beliebig gewählt werden: von dramatischen Texten über tagebuchartige Aufzeichnungen bis hin zu Erzählungen und Gedichten ist alles möglich.

Nun ist wieder Zeit für eine 30-minütige Schreibphase, in der sich die Kursteilnehmer zurückziehen. Anschließend kommt es wieder zur Vorlesung, zum Textvergleich und einem Gespräch in der Gruppe.

Was bei der Diskussion im Nachhinein auffällt ist, wie weit gespannt das Feld der Phantasie ist: Wie alles und jedes Ausgangsort und Anlass für das Schreiben sein kann und auch wie einzigartig jeder und jede ist, weil jeder mit einem Ding andere Bilder, Ideen und Vorstellungen verknüpft als .

Methodisch-didaktisch

Bilder und kreative Ideen kommen durch Dinge in Gang. Ein Fundstück kann ein wunderbarer Ausgangspunkt sein, wenn Ratlosigkeit bei der Ideenfindung besteht. Gleichzeitig wird auch der Tastsinn angesprochen, sodass das Denken aus dem Zentrum rückt, was Schreibprozesse meist leichter lostritt.

Therapeutisch

Erlebtes und Erinnerungen sind stets verknüpft mit Objekten. Wir verbinden mit allen möglichen existierenden Gegenständen Gefühle und alte Bilder. Die Arbeit mit Fundstücken kann uns helfen, uns an Schmerzliches zu erinnern und dieses in Form einer Geschichte zu kanalisieren und zu verwandeln. Oder aber wir lassen die Objekte in inneren Monologen von unseren eigenen Gefühlen sprechen, was dazu führt, dass wir sie einerseits von uns in Distanz bringen, andererseits aber sie auf spielerische Art aufzeigen und erkennen können.

Automatisiertes Schreiben

Aber auch „Automatisiertes Schreiben“ binde ich, wie oben erwähnt, gern in meine Arbeiten mit ein, weil es eine Methode des Ausdrucks ist, bei der möglichst unzensiert und ohne Eingreifen des kritischen Ich geschrieben werden soll. Sowohl Satzstücke, Wortketten, auch einzelne Wörter, ja überhaupt alles ist denkbar. Wir lernen dadurch, uns selbst nicht mehr zu bewerten, sondern in einen kreativen Fluss zu kommen, in dem wir Dinge zulassen – einer der wichtigsten Aspekte, wenn es darum geht, seelisch zu wachsen.

Zunächst erkläre ich die Technik des automatisierten Schreibens. Dann versuche ich, den Kursteilnehmern eine Möglichkeit zu geben, sich – ähnlich wie bei der Phantasiereise – in eine entspannte Lage zu begeben. Dazu kann Musik, können Polster oder auch Decken und Tee oder Kaffee, vielleicht auch Kekse verwendet werden.

Sind die Kursteilnehmenden in einem Zustand der Entspannung, dann sollen sie mit einer möglichst rauschartigen Schreibeinheit beginnen, in der sie möglichst wenig Pausen machen und nicht an Sätze, Punkte oder Rechtschreibung denken. Nach 30 Minuten stoppe ich die Teilnehmenden – oft mitten in einem Wort – ab.

Bei der gemeinsamen Vorstellungsrunde fällt meist auf, wie unterschiedlich die Arbeiten je nach Durchlässigkeit und momentaner Verfassung der Person sind: während die einen Geschichten erzählen, verfassen andere reine Unsinn-Poesie. In dieser Runde stelle ich es bewusst jedem frei, seine Texte zu vorzulesen oder einfach für sich zu behalten, denn die intensive Auseinandersetzung mit dem Unterbewussten ist etwas Intimes und niemand darf gezwungen sein, diese Intimität in der Gruppe zu teilen.

Methodisch-didaktisch

„Automatisiertes Schreiben“ ist eine Technik, bei der wir an unbewusste Inhalte in unserem Kopf andocken können. Es gelingt uns dadurch, Bereiche in unserem Gehirn zu nutzen, die wir im sogenannten „Normalzustand“ nicht betreten. Das kann enorme Kraft freilegen – schließlich ist erwiesen, dass wir nur einen geringen Prozentsatz unseres Gehirnes aktiv nutzen. Bereiche, die im Verborgenen liegen, werden durch das Betreten neuer Regionen frei gelegt und aktiviert. Wir können an Erfahrungszustände wie den Traum oder die Trance andocken und sie als kreatives Potenzial und zur Weiterentwicklung unserer Technik benützen.

Therapeutisch

Die Methode des automatisierten Schreibens hilft gegen die sogenannte „Schreibblockade“, der allen bekannten Angst vor dem leeren Blatt. Menschen, die vor einer Prüfung stehen, einen Geschäftsbrief oder eine Rechnung schreiben müssen, treten oft in einen Zustand der Lähmung ein. Gerade die Technik des automatisierten Schreibens kann solche Blockaden lösen, denn sie hilft uns dabei, die Gedanken fließen zu lassen.

Das Traumtagebuch

In einer Email vor dem Kurs bitte ich die Schreibenden, eine Woche lang ihre Träume zu notieren. Zu Beginn der Übung erzähle ich einiges über das Traumtagebuch und über die Technik der Surrealisten. In einer Gesprächsrunde können die Träume einander vorgelesen und diskutiert werden.

Methodisch-didaktisch

Das Traumtagebuch ist eine Methode, die uns zeigen soll, dass Ideenfindung überall passieren kann- und am Intensivsten intensivsten geschieht sie immer in uns selbst. In Träumen begegnen uns Motive, Stoffe, Geschichten und Erzählungen, die wir nur ordnen und zu Papier bringen müssen. So erkennen wir, dass unser Kopf der größte Speicher für Erzählungen und gleichzeitig die größte Kraftquelle für unsere eigene Arbeit ist.

Therapeutisch

Schöpferisches Schreiben und nächtliches Träumen weisen viele Überschneidungspunkte auf: Beide sind die Sprache des Unbewussten und beinhalten daher all unsere Lebensmuster.

Viele religiöse Kulturen hielten Träume für Zustände, in denen wir jenseitige Wirklichkeiten betreten oder auch Zukunftsvoraussagen und Prophezeiungen begegnen können. Diese Idee hat einen wahren Kern: Traumbilder bezeichnen eine innere, eine subjektive Wirklichkeit, die uns vieles über die äußere Realität mitteilen kann. Sie sind Sinnbilder, Symbole, und in diesem Sinne zeigen sie seelische Prozesse und Gefahren auf. Auch Literatur bedient sich in vielen Fällen solcher Symbole. Eine überaus gute Technik, die Arbeit mit Träumen zu schärfen, ist das Traumtagebuch, in dem die Details und die Zeit des Traumes genau notiert werden. Im Traumtagebuch verbinden wir Träumen direkt mit

Schreiben. Dazu brauchen wir nichts weiter als unseren Schlaf, ein Notizbuch und einen Stift. Das menschliche Gehirn vergisst jedoch den größten Teil der Trauminhalte binnen weniger Minuten. Um zu deuten, was ein Traum für uns und unser seelisches Befinden meint, sind auch kleine Details wichtig. Darum ist es am besten, das Traumtagebuch direkt ans Bett zu legen. Während wir einschlafen, notieren wir, so lange es uns möglich ist, welche Bilder in unserem Kopf entstehen. Und im Moment des Aufwachens ist der erste Griff wieder der zu diesem Buch, und wir notieren sofort unsere Träume. Auch, wenn wir nachts zwischendurch aufwachen, sollten wir sofort protokollieren, welche Bilder und Inhalte uns begegnet sind.

Es bietet sich, gerade weil Träume und deren Verbindungen mit unseren Gefühlen oft chaotisch sind und keine logisch erklärbaren Inhalte aufweisen, an, Tabellen oder Cluster anzulegen, in denen wir notieren, welche Elemente wann in welchen Träumen auftraten, welche Handlungen geschahen und wie diese Versatzstücke miteinander in Beziehung stehen könnten: Was geschah an diesem Tag in der Außenwelt, welche Ereignisse spiegeln sich im Traum wieder? Unter diesen Tabellen sollte eine freie Fläche gelassen werden, in die wir unsere Interpretationen einfügen können. Nach genauem Ordnen der Inhalte stellen wir uns folgende Frage: Was kann diese Handlung bedeuten, welche Probleme zeigt der Traum, welche Lösung bietet er an? Dabei sollten wir immer an das reale Leben denken, und sobald wir einen Bezug zum Alltag herstellen können, sollten wir das aufschreiben. Welche Parallelen und welche Unterschiede gibt es zum Geschehen im Traum? Oft sind es nämlich genau diese Unterschiede, in denen der Traum Lösungen für ein Problem anbietet, die sinnvoll sind, oder er stößt uns auf die wunden Punkte, auf all das, was uns belastet. Wenn wir uns solche Bezüge notiert haben, können wir sie reflektieren und so vielleicht neue Einsichten gewinnen. Allerdings ist das nicht so einfach, weil die Lösungsvorschläge immer in Form von einer Verschlüsselung erscheinen. Wir müssen darüber nachdenken und uns Zeit nehmen. Ein Traumtagebuch ist daher sinnvoll, weil uns die Bedeutung eines Traumbildes oft erst zeitversetzt auffällt. Tage, ja Wochen nach einem Traum fällt es uns „wie Schuppen von den Augen". Manche Träume offenbaren sich erst Jahre später in ihrer Bedeutung.

Durch das wiederholte Notieren können wir uns nicht nur Träume merken, sondern auch wiederkehrende Traumsymbole und dadurch „unsere Themen" entdecken. Bei traumatisierten Menschen gilt das insbesondere für Alpträume, in denen Figuren – sogenannte Archetypen – wie in etwa schwarze Männer, Drachen oder Spinnen, aber auch andere Wesen wie Katzen oder Hunde auf den Kern der Ängste wie Konflikte hindeuten oder gewisse innere Stärken symbolisieren.

Im nächsten Schritt können wir versuchen, mit diesen wiederkehrenden Figuren Kontakt auf zu nehmen, dadurch, dass wir uns beim Einschlafen auf die Geschehnisse der vorangegangenen und der kommenden Träume einstellen, uns diese Bilder in das Bewusstsein rufen. Danach führen wir wieder eine Zeit lang unsere Notizen fort und werden beobachten können, dass die Träume sich nach und nach verändern und sogar beeinflussen lassen. Dadurch verändern sich auch unsere Ängste und Sehnsüchte. Haben wir Angst vor bestimmten Symbolen, dann können wir in unseren Gedanken während des Tages oder auch in unseren Halbschlafgedanken einen inneren Kern in uns zum Helden heranwachsen lassen, der mutig und stark genug ist, sich den Problemen und unangenehmen Gefühlen zu stellen. Und schon haben wir eine Geschichte, die beginnt, sich zu erzählen und die wir weiterentwickeln können. Dabei schreiben wir uns einerseits frei, andererseits sind wir aber auch produktiv und im Idealfall entsteht daraus Literatur, die wiederum andere Menschen bereichern und ihnen helfen kann. In jedem Fall entlastet es Menschen, aus Träumen Geschichten zu entwickeln. Wir treten so in Abstand zu unserem eigenen Leben und ordnen unser Leiden in eine allgemeine Ebene ein. Die fiktiven Figuren entwickeln sich zwar aus einem Anteil in uns, aber wenn wir sie aufschreiben, verwandeln sie sich irgendwann und beginnen, ein Eigenleben zu führen. Wenn wir diese Geschichten, Handlungsabläufe und Inhalte unabhängig von unseren seelischen Zuständen betrachten können, haben wir uns von unseren Ängsten ein Stück weit distanziert und können weitergehen.

Der Rap

Gerade in der Arbeit mit jungen Menschen – im Besonderen mit Jugendlichen – ist es wichtig, sich auf moderne Formen zu beziehen. Eine sehr eingängige und beliebte Form ist hier der Rap. Allein die Ebene des Rhythmus funktioniert bei Jugendlichen oft wunderbar.

Der Begriff

Das Wort Rap stammt eigentlich aus dem Englischen und bedeutet so viel wie Plaudern oder sich unterhalten. Im Deutschen versteht man darunter einen schnellen, rhythmischen und markanten Sprechgesang „To rap“ (deutsch: ‚klopfen‘ bzw. ‚pochen‘) deutet die Art der Musik und des Sprechgesangs an. Heute hat sich der Rap teilweise von seinen Wurzeln emanzipiert und wird auch in anderen Musikstilen eingesetzt wie etwa in Eurodance, Crossover, Digital Hardcore und Nu Metal. Besonders im Bereich der nichtkommerziellen Rap-Musik, wie etwa dem sogenannten Untergrund-Rap, ist eine deutliche Abgrenzung zur ursprünglichen Hip-Hop-Musik zu beobachten.[9]

Praktische Übung

Ich erkläre zunächst ein bisschen was zum Begriff „Rap" und lese dann folgendes Gedicht vor:

> „Zwei Tierliebhaber fragen nach Pornographie
> und ich hab jetzt kein' Bock mehr - Zoophilie
> Problem? Vielleicht ist's 'n bisschen pervers
> es hat aber immer noch den moralischen Wert
> in meinem Weltbild, es ist fast bestialisch
> aber alles andere wirkt einfach Phallus-artig
> ohne Freiwild, kein Zweifel an Dehnbarkeiten
> die Lebensweise ist nie und nimmer fehlgeleitet
> heute macht sich Phillip K. sehr, sehr unbeliebt
> für Ästhetik hier zensiert, und masturbiert
> auf seiner Matratze, verteilt den Samenerguss
> plus Ziegenpeter-Mumps- ich hab nen...
> Ja, Torschuss! 4:0!"

9 Vgl.: https://de.wikipedia.org, Stand vom 15.1.2015

Methodisch-didaktisch

Der Rap bietet sich im Besonderen an, wenn man bei jungen Menschen andocken möchte. Dass kreatives Schreiben cool und modern ist, dass es spielerisch und leicht geht, wird dadurch erfahrbar gemacht. Gleichzeitig wird aber auch der Umgang mit Reimen und Rhythmus gelernt. Und das ohne jedes Bisschen von Anstrengung!

Therapeutisch

Wie die folgende Fallgeschichte zeigen wird, helfen uns Sound und Rhythmus, und das ganz besonders in Verbindung mit schwierigen und traurigen, vielleicht auch gesellschaftskritischen Inhalten, unser kraftvolles Potential wieder zu entdecken. Denn Rhythmen verbinden uns mit unseren Ursprüngen. Sie erden, helfen, kreisendes Denken zu reduzieren und bringen so unseren Geist und unseren Körper in Einklang.

Fallbeispiel

Martina kommt an einem der Tage mit Schnitten im Gesicht in die Schreibklasse.

„Was ist denn mit dir passiert?“, frage ich zögerlich.

Es stellt sich heraus, dass Martina – weil sie sich gern wie ein Junge gab, die Haare kurz trug, tätowiert war, Fußball spielte und sich gern ein bisschen verhielt wie ein Kerl – von den Jungs ihrer Schule angegriffen worden war.

Ich weiß nicht, was ich sagen soll. Beim nächsten Treffen bringe ich einen Rap von Die Antwoord mit. Die Antwoord ist ein Rap-Duo, das sich bewusst kritisch mit sozialen Missständen wie Diskriminierung von Schwarzen und Frauen auseinandersetzt. Ich habe diesen Rap gewählt, weil er eine gewisse „weibliche" Haltungen aufzeigt, in der eine Frau sich nicht länger zum Opfer macht, sondern ihr Leben selbst in die Hand nimmt:

„Rich bitch (yo yo yo yo)
Rich bitch (yo yo yo Yo-Landi)
I'm a rich bitch (yo yo yo yo)
A mothafuckin' rich bitch (yo yo yo Yo-Landi)

I do my own thing when the phone rings
Maybe I'll answer, maybe I'm busy (yo yo yo Yo-Landi)
I want some next shit
I got connections
Only speak to people I wanna speak to
Sophisticated, fokken larney
Nutella on my sarmie
Fokken dik gesmeer, bra

I shop at Woolworths
With my own paper, eh, flava
When I recite a poem
On the fuckin' microphone (yo yo yo Yo-Landi)

(...)

Wasn't always a rich bitch
Used to be a poor girl

Ag, shame, die arme meisie
Ek wassie wysie (yo yo yo Yo-Landi)

I was a victim of a kak situation
Stuck in the system
With no fokken assistance
I know it sounds strange
But I used to count change
On the counter at pick 'n pay
Or Shoprite-Checkers
No butter on my broodjie
Geen koeldrank nie, net my strootjie
But then I got my game on
Yo flame on (yo yo yo Yo-Landi)

To all my mense
In a tight situation
Getting closer to god
Do you hear that?
I flow from the heart
Fuck the upperclass
Versigtig, ek's nog steeds fokken giftig
Yo, fuck a rich bitch (yo yo yo Yo-Landi"[10]

Im Anschluss daran bitte ich die Teilnehmenden, selbst einen kurzen Rap zu verfassen. Nach der Schreibeinheit ist es Martina, die unbedingt als Erste vorlesen will. Sie wippt mit den Händen, rezitiert in lässiger Pose und wirkt dabei so souverän, als käme sie

10 Vgl..: Die Antwoord, 2014

aus den amerikanischen Slums und hätte den Rap quasi mit der Muttermilch in sich aufgenommen:

„Ich bin anders – na und
das ist noch lang kein Grund
mich zu verhauen
ich werd mich aber trotzdem immer trauen
und weiter auf meine Identität bauen
du wirst nur so schauen“

Jahre später wird, wie ich per Mail erfahre, aus Martina ein Mark. Mark arbeitet jetzt als Sozialarbeiter und betreibt in seiner Freizeit sein liebstes Hobby: Den Rap, gemeinsam mit seiner kleinen Band in Hartberg.

Textbeispiel

„Was mein Lieblingstier ist?
Ehrlich gesagt: das weiß ich nicht.
Ist es ein Schmetterling, oder ein Huhn?
Ich weiß es einfach nicht, was soll ich tun!
Vielleicht ist es ein Tier aus dem Meer.
Fische mag ich sehr!
Okay, ich mag sie auf dem Teller mehr.
Aber ist das nicht das in gewisser Weise
– bitte ehrlich – nicht das gleiche?
Egal, wie viel ich überlege, mehr fällt mir jetzt auch nicht ein.
Also lass ich die Grübelei lieber sein.“

Visuelle Poesie

In meinen Schreibklassen mit Erwachsenen, insbesondere aber in meiner Arbeit als Lehrgangsleiterin der Wiener Schreibpädagogik nähere ich mich dem Thema der Visuellen Poesie an.

Der Begriff

Visuelle Poesie kann als ein Sammelbegriff für alle Arten von Poesie oder Dichtung, bei denen die visuelle Präsentation eines Textes ein wesentliches Element der künstlerischen Konzeption darstellt, gelesen werden. Sie hat sich aus der sogenannten Konkreten Poesie entwickelt, einer Art der Dichtung, bei der die Sprache nicht mehr der Beschreibung eines Sachverhalts, eines Gedankens oder einer Stimmung dient, sondern selbst Thema und Mittelpunkt eines Werkes wird.

Visuelle Poesie ist abzugrenzen gegen Kalligraphie und typographische Kunstformen, in denen eine neue visuelle Form für bereits existierende Texte gefunden wird. Die Wurzeln der Visuellen Poesie stammen aus der Spätantike Griechenlands. Später entwickelten sich unterschiedliche Formen wie die Technik des Figurengedichts, bei der ein Text gleichzeitig als konkrete Form, gestaltet wird, beispielsweise als Altar dient. Schließlich übernahmen die lateinischen Autoren des Mittelalters diese Technik, wobei hier Hrabanus Maurus als ein wichtiger Vertreter der Technik genannt werden kann, und ging auf diese Weise auch in die Dichtung des Barock ein. Hier wurden die Symboliken einzelner Bilder zum wesentlichen Element: Totenschädel symbolisierten den Tod, das Lamm die Opferbereitschaft Christi und so fort. Diese Strömung bot schließlich einen Anknüpfungspunkt für die avantgardistische Moderne. Mallarmé beispielsweise behandelt in seinem Gedicht „Un coup de dés" den im Text erzählten „Schiffbruch" und Weg zum „Abgrund" dadurch, dass er die Wörter auf den Seiten illustriert und durch deren Anordnung und Schriftbild zugleich den Inhalt seines Textes erfahrbar macht. Wenig später setzten die Dichter des Futurismus, Dadaismus und Surrealismus diese Entwicklung fort. Guillaume Apollinaire mit seinen „Calligrammes" ist hier wahrscheinlich eines der bekanntesten Beispiele. Wichtig war den Verfassenden hier im Besonderen, das Anliegen, dem Leser die Materialität und Schriftlichkeit der Dichtung wieder bewusst zu machen.

Anders als die Texte der Konkreten Poesie sind die der Visuellen Poesie zugehörigen sogenannte Seh-Texte, das heißt, sie sind Wortbild, Textbild, Bildtext. So erweitern sie in der konkreten Poesie das Feld der Piktogramme um eine neue Facette. Auch in die Konzeptkunst der 60er Jahre fanden sie Eingang. Im Wesentlichen geht es der Visuellen Poesie darum, die Dichtung für die Interaktion mit anderen Bereichen zu öffnen – man denke nur beispielsweise an John Cage, der seine Partituren eher malte als auskomponierte. Schrift war hier nicht mehr nur konventionelles Zeichenmaterial, sondern eigenes Gestaltungsmittel zwischen Abbild, Erzählung, Text und Zeichnung. Die Visuelle Poesie kann mit Elementen der Grafik oder der Collage arbeiten, kann aber auch dokumentarisch angelegt sein wie bei Heimrad Bäcker, der gebrauchte Briefmarken in seine Bilder einbaute. Meistens wird das Material reduziert. Optisches und Sprachliches wird integriert, manchmal auch Codes wie Baustellenbilder oder Fachbegriffe aus der Computersprache. Ein wichtiger Aspekt ist der, dass der Text selbst erst im Zuschauer entsteht und sich immer mehrdeutig erfassen lässt. Jeder Rezipient bringt das visuelle Gedicht anders in seinem Kopf zu Ende, jeder liest es in unterschiedlichen Situationen immer wieder neu und frisch. Dabei geht es den Vertretern der visuellen Poesie vor allem darum, das Denken anzuregen und zu zeigen, dass Deutung nie abgeschlossen werden kann. Bildgedichte kann man von links nach rechts lesen, aber auch von oben nach unten – der Sehende muss sich die Lesart selbst erarbeiten. Oft werden Elemente aus Bereichen, die mit der Literatur nichts zu tun haben, verwendet: Manche Collagen arbeiten mit Ausschnitten aus Zeitungen oder sind einfach nur Bilder mit Buchstaben ohne Bedeutungsinhalt wie im Bild „Öffnung des Raumes" von Camastro. Optische Systeme werden oft auch mit sprachlichen Systemen verbunden. Man schreibt mit der Hand, formt aus Buchstaben ein Portrait, bezieht neue Medien ein und so weiter. Wichtig ist, dass hier oft in Serien gearbeitet wird, wie beispielsweise bei Denckers visueller Poesie „Wortköpfe", die den Einfluss der neuen Medien thematisiert. Aber auch Text-Bild-Kombination – Michael Jansen bastelt hier gern mit Tusche und Aufgeklebtem – sind denkbar. Oft werden auch Alltagsbilder in neue Zusammenhänge gestellt und collagiert wie beispielsweise Noten, Bilder von Weingläsern, Architekturpläne, Brieftexte mit Stempeln und so weiter.

Wichtige Vertreter dieser Strömung sind Heimrad Bäcker, Giorgo Camastro, Carlfriedrich Claus, Peter Daniel, Guillermo Deisler, Ilse Garnier, Pierre Garnier, Johannes Jansen, Alberto Primenta, Karl Riha, Mario Rotter, Siegfrid J. Schmidt, Rudolf Sikora und Christian Steinbacher.[11]

11 Vgl.: Eugen Gomringer: Visuelle Poesie. Reclam Verlag, Frankfurt 2017.

Praktische Übung

In der folgenden Übung zeige ich meinen Schreibenden die Arbeit „Time passes by“ von Anatol Knotek.

Meistens analysiere ich nicht sehr viel sondern lasse die Kursteilnehmenden selbst darüber nachdenken, wie der Text funktioniert. Spannend an „Time passes by“ ist, dass die Arbeit genauso funktioniert wie unser Gedächtnis, unsere Erinnerung: Mit jedem Mal der Wiederholung werden Inhalte gelöscht und überschrieben. Der Text arbeitet also nicht nur IN unserer Wahrnehmung, er arbeitet auch genauso wie die Wahrnehmung SELBST.

Im Anschluss erzähle ich meist einiges über den historischen Hintergrund Visueller Poesie.

Dann schicke ich meine Schreibenden in eine dreißigminütige Klausur.

Die entstandenen Texte werden in der Feedback-Phasen im Anschluss durchgegeben, angesehen, besprochen und gedeutet.

Methodisch-didaktisch

Das gleichzeitige Denken auf der begrifflichen und der bildlichen Ebene ermöglicht es den Kursteilnehmern, unterschiedliche Bereich in ihrem Gehirn miteinander zu verbinden, beide Gehirnhälften- die begrifflich und die bildlich arbeitende- in Einklang zu bringen. Wir erfahren vieles über unsere eigene Wahrnehmung, wenn wir ein Bildgedicht „lesen“- denn jeder liest es anders. Manche von links nach rechts, andere von rechts nach links- Menschen asiatischer Herkunft vielleicht. Dadurch ist es möglich, neue Denkzusammenhänge her zu stellen und Lerninhalte anders in das eigene Leben zu integrieren.

Therapeutisch

Durch den kreativen – in meinen Klassen meist händischen - Prozess des Zeichnens werden starre Gedankengänge verwandelt und in Einklang mit unserem Körper gebracht. Ein Bildgedicht hilft uns, von unserem logischen Denken Abstand zu nehmen und kann so schmerzliche Bilder und Erlebnisse ganz leicht und spielerisch an den Tag bringen.

Fallbeispiel

In einer meiner Schreibrunden präsentiert Herbert ein starkes Bild. Es zeigt ein großes V, das auf einem winzigen a thront. Darauf ruht – wie eine Art Grabstein – ein schwarzes t, das klein geschrieben ist, sodass es das an ein Kreuz erinnert. Links von der Szenerie steht, ganz winzig und von weitem fast nicht erkennbar, die in sich verschlungene Silbe „er“.

„Der Text“, sagt Herbert, „ist für meinen Vater, der im Herbst gestorben ist. Er war immer sehr groß und mächtig, wie dieses V hier, ich hingegen immer ein kleines a, er „stand“ auf mir – immer war er oben und ich unten. Im Laufe seines Sterbeprozesses hat sich aber herausgestellt, dass er eigentlich gar nicht so groß war. Er verlor nach und nach alle Anteile, die ich an ihm kannte, war nur mehr ein kleiner, ängstlicher „er“, der nicht sterben wollte. Das T ist ein Kreuz für ihn und... – “

Hier hört Herbert zu sprechen auf und weint. Der Rest der Schreibklasse steht schweigend neben ihm. Brigitta reicht ihm ein Taschentuch und ich lege schließlich meine Hand auf seine Schulter. Wir warten eine Weile und schließlich meinte Herbert lächelnd: „Jetzt brauch ich aber eine Zigarette“.

Dass uns kreatives Schreiben hilft, Verluste auszudrücken und Abschied zu nehmen, ist für uns alle erfahrbar geworden. Gleichzeitig ist die Gruppe nach diesem gemeinsamen Erlebnis zusammengewachsen wie nicht viele, die ich leiten durfte. Selten waren die Rauchpausen so bewegt und rege, war der Austausch so intensiv – und das hat sich sehr auf die Qualität der Textergebnisse ausgewirkt, die besonders vielseitig und gut waren.

Schlussteil

Wo?

Für die Kleinen

An der Kinderuniversität Wien hatte ich die Freude, mehrere Kurse zu halten. Die Kinderuniversität Wien ist ein spannendes Format, das es jungen Menschen ermöglicht, Wissenschaft und Forschung kennen zu lernen, Uni-Luft zu schnuppern und bei den richtigen Adressen Fragen zu stellen. Die Teilnehmenden können ein Gratis-Angebot an Kursen in allen Bereichen von Wissenschaft und Literatur bis hin zur Theaterpraxis besuchen, selbst experimentieren und ihre Neugier mit WissenschafterInnen und ExpertInnen teilen.

Einer meiner Kurse hieß „Wortsalat? Echt cool." Hier wurde das kreative Schreiben junger Menschen von der Firma „Ja natürlich!" begleitet. Die Devise lautete: „Mit Worten kochen kann jeder!" Gemeinsam wurden Texte gelesen, die sich mit Gemüse und Obst beschäftigten, sowie Bilder von Arcimboldo gezeigt, chorische Wortsalate gesungen und einer Referentin von „Ja natürlich!" hielt ein Impulsreferat. Dann konnten die Kinder auch versuchen, selbst Arbeiten zu schreiben. Jeder durfte, genährt von einem kleinen Gemüse-Obst-Korb, der von „Ja natürlich" gesponsert wurde, seinen eigenen ganz besonderen Wortsalat basteln und diesen dann auch mit nach Hause nehmen.

Mein anderer Kurs nannte sich „Krixikraxi". Der Titel bot sich an, um die Teilnehmenden zu lockern, ihnen nicht das Gefühl zu geben, Schreiben sei etwas anderes, und gleichzeitig auch die Verbindung von Schreiben und Schrift in der visuellen Poesie für Kinder erfahrbar zu machen. Die Klasse wurde in der Stadtbücherei in Wien angeboten.

Ein weiterer Workshop versuchte, unterschiedliche Formen vom Roman bis zur Fantasiereise spielerisch zu vermitteln. Der Ankündigungstext lautete folgendermaßen:

> „Du bist ein Bücherwurm und möchtest auch mal deinen eigenen Harry Potter erfinden oder deine ganz persönliche Pipi Langstrumpf in einen Text packen? Dann ist diese Schreibklasse genau das Richtige für dich! Gemeinsam werden wir Romane, Theaterstücke und Gedichte lesen und auch selbst welche schreiben."

Alle diese Klassen habe ich für Acht- bis Zehnjährige gehalten. Dabei ergaben sich ganz unterschiedliche Konstellationen von Gruppen von sieben, bis hin zu Gruppen, die aus vierzig Kindern bestanden. Glücklicherweise betreute ein Student der Universität Wien die großen Gruppen mit. In den Pausen half ein Tanztrainer, die Kinder ein wenig zu lockern, während wir alle gut darauf achteten, dass genug Zeit für Jausnen, Erholung und Ballspiele blieb.

Dramatisches Schreiben für Kinder und Jugendliche

Nah dran

In kreativen Schreibklassen in Kooperation mit der badischen Landesbühne Bruchsal durfte ich auch mein Kindertheaterstück „Anna und der Wulian" entwickeln. Dabei hatte ich das Glück, von dem Autorenprojekt „Nah dran!" gefördert zu werden. Dieses wurde von der „Assitej“ ins Leben gerufen, mit dem Ziel, der Verbesserung der literarischen Qualität der Stücke für das Kindertheater zu dienen. Seit einigen Jahren ermöglicht „Nah dran“, dass sich Autorinnen und Autoren und ihre, soweit bereits vorhanden, Verlagslektor*innen mit Theatern und Regisseurinnen und Regisseuren vernetzen, einander begegnen und im Austausch ein Stück für Kindertheater planen, schreiben, entwickeln und zur Uraufführung bringen dürfen. Insbesondere die Erfahrungen von Verlagslektoren und regieführenden Künstlern sollen laut Ausschreibung in den Prozess eingebunden werden. Ziel dieses Projektes ist es, dass auch kleinere Bühnen ihr Repertoire guter, moderner Kinderstücke erweitern und sich mit jungen Schreibenden vernetzen können.

Autorinnen und Autoren sowie Theater und Regisseurinnen und Regisseure werden aufgefordert, sich gemeinsam mit einer Stückidee für das professionelle Kindertheater um die Förderung aus dem Projekt ‚Nah dran!‘ zu bewerben.

Schreib dich frei!

In „Schreib dich frei“, meiner Schreibklasse im Dschungel Wien, treffe ich mich zweimal monatlich mit junge Menschen und entwickle aufgrund der thematischen Vorgaben, die wir gemeinsam gefunden haben, ein Stück, dass die Kursteilnehmenden dann selbst auf die Bühne bringen und darstellen können. Hier gilt: Jeder darf sich ausprobieren, neue und aktuelle Ideen einbringen und kritisch sein! Wir halten gemeinsame Schreibeinheiten ab, in denen jede Texterin und jeder Texter an Dialogen, Geschichten und Stücken feilt und eigene Szenen entwirft. In den Feedback-Runden setzen wir uns mit Theatertexten, Romanen und Filmen auseinander. Geleitet wird die Schreibwerkstatt von Katharina Tiwald, die seit vielen Jahren in den Feldern Literatur und Theater tätig ist, und mir. Mit vereinten Kräften werden szenische Ideen und Schreibtechniken sowie das dramaturgische Handwerkszeug weiterentwickelt, und die Jugendlichen lernen, diese Stücke zu performen. Ende des Jahres werden die multimedialen Ergebnisse im Dschungel Wien auf die Bühne gebracht.

tRäume in Maßbach

Ein anderes Format ist die Textarbeit für Theater mit Jugendlichen, die ich teilweise in Kooperation mit dem Schlosstheater Maßbach und mit dem Linzer Landestheater und anderen Institutionen gemeinsam durchführen konnte. Für diese Kurse sind stets gemeinsamen Schreib- und Feedback-Runden geplant, in denen Jugendliche und Studierende des BOeS sich mit Textsorten aller Art zum Thema „tRäume“ auseinander setzen sollen. Die Studierenden des BOeS betreuen dabei die Jugendlichen. In Paaren und gegenseitiger Betreuung gelingt es den Kursteilnehmern, ein Gefühl für die Praxis zu entwickeln. Der Prozess wird durch kompetente Theater- und Film-RegisseurInnen – oft in einer Person vorhanden – mitbetreut. In Kooperation mit dem Theater Schloss Maßbach entstanden so spannende Aufführungsabende für die unterfränkische Landesbühne. Der Intendantin Anne Maar ist es zu verdanken, dass weniger reife und reifere Menschen zueinander finden und einen wunderbaren Abend gestalten, der meist lange Zeit in Erinnerung bleibt.

Arbeit mit Menschen mit Behinderung

Projekt Lebenswege

Jeder Mensch hat Vieles zu erzählen. Erlebtes und Erdachtes, Leichtes und Schweres, Lustiges und Trauriges. Das gilt für uns alle – auch für Menschen mit Behinderungen. Selbst wenn sich manche scheinbar nur mit Mühe ausdrücken können, so zeigt ein intensiverer Umgang mit diesen Menschen, dass deren innerer Reichtum nur so sprudelt. Einige der Ergebnisse dieser inneren Quellen kann man in der Broschüre „Projekt Lebenshilfe", die die Zeitschrift *Lichtungen* immer wieder herausgibt, finden. Die Texte sind im Rahmen der „Schreibwerkstatt : Lebenswege", einem gemeinsamen Projekt der Lebenshilfe und der Literaturzeitschrift *Lichtungen*, entstanden.

Bei der „Lebenshilfe" handelt es sich um eine Sozialbetreuungsinstanz unweit von Graz. Diese achtet in der Begleitung von Menschen mit Unterstützungsbedarf sehr darauf, ihre besonderen Begabungen konsequent zu fördern, sowie ihnen Raum für die persönliche Entwicklung zu geben. Dabei setzt sie auf inklusive Projekte und sucht wertvolle Partnerschaften. Im Rahmen der „Schreibwerkstatt : Lebenswege" befassen sich seit 2013 immer wieder sieben bekannte steirische Schriftstellerinnen und Schriftsteller aus dem Umfeld der *Lichtungen* mit Menschen mit Behinderung; in Zweier-, Dreier- oder Viererteams wird an Texten gearbeitet. Dieser fruchtbare Prozess führt immer wieder zu besonderen Begegnungen und einem fruchtbaren Miteinander, das

neben literarischen auch menschliche Ereignisse und wunderbare Erlebnisse in die Welt setzt.
Der Ablauf der Schreibklassen gestaltet sich folgendermaßen: Menschen mit Behinderung, die an dem Projekt teilnehmen, verbringen ihren Tag in der Medienwerkstatt der Lebenshilfe in Lieboch, wo sie schon seit zwei Jahren beim Texten und grafischen Gestalten Erfahrungen sammeln, gemeinsam mit einem Mentor oder einer Mentorin, und entwickeln zwischen Kaffee, Computer und Keksen spontan und ungezwungen literarische Ideen. Dass die in der Schreibwerkstatt entstandenen Texte auch in den *Lichtungen* erscheinen, ist nicht nur eine besonders schöne Anerkennung ihrer Leistungen, sondern sollte eigentlich selbstverständlich sein. Denn die Texte, die aus den Teilnehmenden sprudeln, sind meist voll von Wärme, Witz und Weisheit.

Mit dem Projekt „Lebenshilfe“ ist Eva Reithofer-Haidacher und Vis Jadid eine wunderbare Projektentwicklung gelungen.[12]

Schreiben mit schwer erziehbaren Jugendlichen

Gemeinsam mit der SFB durfte ich im Jahre 2010 auch eine Schreibklasse für schwer erziehbare Jugendliche halten. Die SFB ist eine in Bruck an der Mur ansässige Betreuungsinstanz und stellt eine ganzheitliche Form der Sozialarbeit dar, die sich mit familienspezifischen Problemen unter Berücksichtigung des sozialen Umfeldes der Familie beschäftigt. Die Familie soll in ihrer Kompetenz zu einer eigenverantwortlichen, würdevollen Le-

12 Vgl.: Markus Jaroschka: Projekt Lebenswege. Eigenverlag, Graz 2014.

bensführung gestärkt werden. Die Erziehungsberechtigten sollen durch diese Unterstützung (wieder) in der Lage sein, ihre Kinder in verantwortungsvoller Weise, gemäß dem Kindeswohl, zu fördern und zu befähigen.

In Zusammenarbeit mit Jugendlichen der Therapeutischen Gemeinschaft Steiermark entwickelten die erfahrenen Pädagoginnen Corinna Pummer und Cornelia Dinsleder die Idee, eine Schreibklasse auf die Beine zu stellen. Das Thema lautete „Schlüsselmomente". Die Forderung der beiden Frauen und die Ziele, die sie erreichen wollten, waren eindeutig: Es ging ihnen darum, den jungen Menschen keine Ratschläge mehr zu geben – denn diese erzielen selten die gewünschte Wirkung, im besten Falle Widerstand – sondern sie mittels einer Schreibklasse zur „Hilfe durch Selbsthilfe" anzuregen. In gemeinsamen Feedback-Phasen sollte es zum Austausch von Lebenserfahrungen kommen. Der Sinn dieser Schreibklasse war der, Menschen aus verschiedenen sozialen und kulturellen Kontexten zusammen zu bringen, sodass sie ihre Geschichten miteinander teilen konnten. Damit sollten Lernprozesse angeregt werden, und das für alle Beteiligten: Für die Kursleiterinnen und die Pädagoginnen genau wie für die jungen Menschen. Denn Wachstumsprozesse kennen keine Regeln. Was uns Menschen verbindet, ist die Faszination, die Sehnsucht nach Leben und Wahrheiten, auch, wenn die Wirklichkeiten zum Teil verschieden sind. Lebensgeschichten können, wenn wir sie richtig zu deuten und in unsere Erfahrungswelt zu integrieren wissen, wie Medizin wirken. Sie ermöglichen es uns, Ausschnitte der Welt für einen kurzen Augenblick zu durchdringen. Es war die Vision der beiden Frauen, ein Buch mit gesammelten Schlüsselmomenten von Jugendlichen und Pädagoginnen heraus zu geben, was ihnen aufgrund ihrer regen Energie und auch gelang. Das Buch wurde im Frühjahr 2012 präsentiert. Teile daraus finden Sie im Anhang.

Feedback-Regeln. Eine Stichwortliste

Gutes Feedback ist

Angemessen

Die Hauptaufmerksamkeit sollte den Bedürfnissen und Wünschen der Person gelten, die das Feedback empfängt. Das heißt, im Feedback soll es darum gehen, dass die Person in ihrer Textproduktion unterstützt wird.

Beschreibend, nicht wertend

Der Text darf nicht im Sinne von „gut“ oder „schlecht“ bewertet werden. Auch Vergleiche wie „besser als“ sind nicht förderlich. Der Gruppenleiter versucht, dass derlei Urteile sofort umformuliert werden in persönliche Aussagen wie etwa „Mir gefällt der Text gut“ oder „ich Ich habe ein Verständnisproblem mit“ et cetera. Dies entlastet die Aussage, weil sie sie auf die Person zurückführt, die sie gemacht hat.

Detailliert, nicht allgemein

Eine allgemeine Formulierung wie etwa:„Du drückst dich umständlich und langatmig aus“, reicht nicht. Der Kritisierende soll immer auf ganz konkrete Textstellen hinweisen, in denen sich diese Umständlichkeit oder Langatmigkeit konkret bemerkbar macht.

Ehrlich

Keinem Autor ist in seiner Arbeit geholfen, wenn man ihm nicht sagt, was der eigenen Meinung nach falsch macht!

Verständlich

Gutes Feedback trifft eine eindeutige Aussage.

Stichhaltig

Gutes Feedback formuliert klar, was es sagen will.

Regeln für ein gutes Feedback

Für die Person, die das Feedback gibt

Beziehe dich auf beobachtbare Tatsachen (keine Spekulationen, Vermutungen). Rückschlüsse vom Text auf die Autorin/den Autor zu ziehen, ist unzulässig, wenn sie im Bereich der Vermutung liegen. Sprich über den Text, nicht über den Autor/die Autorin.

Teile deine Wahrnehmung als Wahrnehmung, dein Gefühl als Gefühl und deine Vermutung als Vermutung mit.

Konzentriere dich auf jeweils nur auf eine konkrete Tatsache. Feedback soll die Aufnahmekapazität des anderen berücksichtigen. Ein Mensch kann nur ein bestimmtes Quantum an Information in einer gewissen Zeitspanne aufnehmen.

Formuliere deine Gesprächsbeiträge in der Ich-Form (nicht „man" oder „wir") und richte sie an den/die Betroffene/n (nicht *über* jemanden, sondern *zu* jemandem sprechen)

Gib deine Information auf eine Weise, die wirklich hilft.

Gib zu, dass du dich möglicherweise irrst.

Feedback soll auch positive Gefühle und Wahrnehmungen umfassen: Es soll nicht nur dann erfolgen, wenn etwas schief gegangen ist. Es hat noch nie jemand darunter gelitten, dass er/sie gelobt wurde.

Für die Person, die Feedback erhält

Nicht argumentieren und verteidigen.

Hör zunächst ruhig zu und gib nicht sofort eine Gegenantwort. Die Verarbeitung von Feedback ist ein schwieriger Prozess, den man nicht sofort leisten kann. Schieb das Nachdenken erst einmal auf und höre konzentriert zu. Frag nach, um Unverstandenes zu klären. Versuche nicht, sofort etwas „richtig zu stellen" oder dich zu rechtfertigen. Ein Text, der in einem Buch steht, kann sich auch nicht im Nachhinein erklären.

Würde sich die Meinung des Autors hineinmischen, so könnte nach einiger Zeit nicht mehr unterschieden werden, ob das Feedback dem Text gilt oder dem vom Autor gegebenen Kommentar. Für eine objektive Situation ist es wichtig, dass das Feedback der Gruppe unbeeinflusst gegeben wird. Erst wenn die Feedback-Runde abgeschlossen ist, kann der Verfasser des Textes auf das Feedback reagieren. Genau in dem Moment wird es nämlich spannend, wie der Autor den Text versteht. Beide Versionen stehen dann nebeneinander und können verglichen werden.

Für die Person, die das Feedback verfasst

Unehrliches Feedback muss sofort abgestellt werden. Wenn du merkst, du bist unehrlich, dann sei lieber still.

Feedback wird immer wieder am Text gemessen. Wenn der Gruppenleiter das Gefühl hat, dass die Gruppe gar nicht mehr über den Text redet, ist der Text – entweder ganz oder in Auszügen – wieder heranzuziehen und noch einmal vorzulesen.

Die Gruppenmitglieder sollen nicht zum Feedback gezwungen werden. Wir einigen uns in der Schreibgruppe zwar, dass Feedback gegeben werden soll, aber jemanden dazu verpflichten kann man nicht. Ist ein Text sehr stark, so entfaltet er manchmal eine besondere Wirkung. Wenn eine auffallend dichte Stille entsteht, soll sie nicht vorzeitig unterbrochen werden. Schließlich bildet sich eben erst die Resonanz in der Gruppe. Es gibt Texte, die sehr betroffen machen, so dass niemand über sie etwas sagen will, weil das Reden darüber als Verharmlosung empfunden wird. Diese Tatsache ist zu respektieren. Da völlige Stille in der Gruppe aber auch bedrohlich wirken oder als Ablehnung interpretiert werden kann, redet man nach angemessener Pause über die auftretende Sprachlosigkeit, so gut es geht.

Wenn jemand vorgelesen hat, hat die Aufmerksamkeit und das Feedback ausschließlich diesem eben gehörten Text zu gelten. Vergleiche mit anderen schon gehörten Texten erst im Nachhinein anstellen.

Wenn ein Text überhaupt keine Resonanz auslöst, liegt das entweder am Text selbst oder daran – dies ist eine prinzipielle Möglichkeit – dass die Zuhörerinnen und Zuhörer in sich nichts finden, was mitschwingen kann. Es gibt Texte, die in gewissen Menschen keine geeigneten Resonanzkörper finden. Da Feedback mit Resonanz zu tun hat, ist es auch abhängig vom Resonanzkörper, d.h. der inneren – augenblicklichen oder grundsätzlichen – Verfassung von Zuhörerin und Zuhörer. Wenn jemand z.B. gelangweilt von einem Text ist, kann der Grund dafür auch in ihm selbst liegen: Momentan findet er vielleicht alles langweilig.

Es ist die Aufgabe des Gruppenleiters, herauszufinden, was auf das Konto des Textes geht und was aufs Konto des – in diesem Falle gelangweilten– Feedback-Gebers, was oft nicht leicht zu entscheiden ist.

Wer Feedback gibt, spricht zwar über den Text, spricht aber auch über sich selbst. Der Gruppenleiter sorgt dafür, dass Feedback nicht unabhängig vom Text gegeben wird. Er deckt, so gut er kann – denn auch Gruppenleiter sind Menschen mit eigenen Wünschen, Ideen und Vorstellungen – auf, wenn jemand über etwas Feedback gibt, das er selbst vorher in den Text hineininterpretiert hat und das mit dem Text wirklich nichts zu tun hat. Die Grenze zwischen subjektivem Feedback und objektivem Feedback ist jedoch immer schwer zu ziehen. Denn es ist eine der wichtigen Qualitäten von Texten, dass sie oft vieldeutig sind, so dass man sie zu Recht so oder anders verstehen kann.

Der Gruppenleiter hat die Aufgabe, der Gruppe nach und nach ein Gefühl dafür zu vermitteln, dass es objektive Richtigkeit nicht gibt. Es ist gerade die Vielfalt der Meinungen in der Gruppe, die den Reichtum ausmacht. Außerdem ist es in vielen Fällen ein Qualitätsmerkmal für den Text, wenn er vielschichtig ist. Oft stammt die Vielfalt der Meinungen daher, dass sich jeder auf eine andere Schicht bezieht. Gerade bei mehrschichtig verfahrenden Texten ist es wichtig, diese Vielfalt der Auslegungen von der persönlichen Resonanz abzugrenzen. Konkret formuliert: Der Gruppenleiter muss unterscheiden können, ob ein Teilnehmer z.B. einen Text über Hunde „scheußlich“ findet oder ob er vielleicht in Wahrheit einfach nur Hunde hasst.

Listen

Eine Liste ist eine thematische Sammlung bestimmter Begriffe und deren Anordnung nach einem Prinzip, beispielsweise alphabetisch oder chronologisch, kann aber auch ganz persönlich sein.

Schreibaufgabe: Lege eine Liste an. (z.B. eine Schlemmerliste, eine Spielzeugliste etc.)

Alltagsgegenstände

Jeder der Kursteilnehmer hat die Aufgabe, Schuhe mitzubringen und diese auf eine Art und Weise hinzustellen, dass sie eine Geschichte erzählen.

Wenn wir in Eile sind, stellen wir unser Paar Schuhe zuhause anders hin, als wenn wir entspannt sind. Kommen wir nur kurz nach Hause und müssen gleich wieder weg, hinterlassen wir unsere Schuhe erfahrungsgemäß anders im Raum, als wenn wir zuhause bleiben. Sind wir auf Besuch, bemühen wir uns vielleicht, sie besonders sorgfältig zu platzieren. Dasselbe gilt für Möbel und andere Gegenstände.

Was sagt die Art und Weise, wie wir mit Dingen umgehen, wie wir sie zurücklassen, über unser Befinden? Nach der Anordnung der Schuhe wird in der Gruppe darüber nachgedacht, was für Geschichten die jeweiligen Schuhe erzählen könnten.

Danach wird jedem ein paar Schuhe zugeordnet, über das in 30 Minuten ein Text verfasst werden soll, der im Anschluss vorgelesen und besprochen wird.

Wochentage

Je nachdem, wie unser Terminkalender aussieht, haben wir wahrscheinlich unterschiedliche Beziehungen zu den verschiedenen Wochentagen. Eine angenehme Übung ist es, zu jedem Wochentag eine für die Qualität des Wochentags spezifische Geschichte mit einem Titel, der den Inhalt zusammen fast, zu schreiben.

Spiel mit dem Zufall

Aleatorik ist das Zusammenführen aus spielerischen Elementen und Zufall in der Kunst und Literatur. Die Dadaisten und Surrealisten haben sich sehr intensiv mit Prinzipien des Zufalls auseinander gesetzt.

Wörterbuch

Eine Möglichkeit, mit Zufällen zu spielen ist, das Wörterbuch aufzuschlagen und zu einem Wort, das man gerade sieht, einen Text zu schreiben.

Zeitungen

Die Arbeit mit Zeitungen ist auch eine, die hier Spaß machen kann: Das Zerschnipseln und auf den Boden streuen, Aufheben und chronologisch Zusammenkleben macht vor allem Kindern und Jugendlichen große Freude. Diese Methode hat der Dadaist Hans Arp in seinem Werk „Tristan Zara“ angewendet.

Eine Variation wäre, dass man einen bereits fertigen Text hat und diesen noch einmal in einen Zeitungstext verwandelt.

Eine andere Möglichkeit wäre: Die Schreibenden streichen blind Stellen an oder kreisen sie ein und schreiben unter Einbeziehung der Stellen einen Text.

Gemeinsamer Textkörper

Auch der „gemeinsame Textkörper“ stammt aus dem Surrealismus und bezeichnet eines spielerische Methode, dem Zufall bei der Entstehung von Bildern Raum zu geben. Er bildet eine Art visuelles Gegenstück zum automatisierten Schreiben. Beim „gemeinsamen Textkörper“ handelt es sich um ein Spiel mit gefaltetem Papier, in dem es darum geht, einen Satz oder eine Zeichnung durch mehrere Personen konstruieren zu lassen, ohne dass ein Mitspieler von der jeweils vorhergehenden Mitarbeit Kenntnis erlangen kann.

Der Ort als Fundstätte

Für diese Arbeit werden Fotos von bestimmten Orten mitgebracht. Ich verwende beispielsweise gern fünf Fotos mit unterschiedlichen Häusern. In der darauffolgenden Schreibeinheit sollen fünf Texte entstehen, in denen jeder Ort in seiner jeweils eigenen Sprache spricht und erzählt.

Texte weiterschreiben

In dieser Übung nehmen wir Textstellen als Ausgangsmaterial, um weiterzuschreiben. Grundsätzlich kann hier jeder Satz, jedes Wort, ein Anstoß zum Schreiben sein. Wir gehen diesmal nicht von sprachlichen Strukturen, dem Duktus, sondern von Inhalten aus. Wir können den Satz, die Textstelle, an den Beginn setzen, in die Mitte des Textes nehmen oder ans Ende stellen. Es geht um die Aussage, die Bedeutung folgender Sätze. Wer will, kann alle in seinen Text nehmen.

Den Raum beschreiben

Wir versuchen nun, uns an das Naheliegende zu halten und unseren Umraum sprachlich zu inszenieren; als Ausgangsfeld nehmen wir den Kursraum. Personen eingeschlossen.

Die erste Übung geht so: Beschreibe zunächst nur den Raumausschnitt, den du gerade siehst.

In einem zweiten Arbeitsschritt muss der Text belebt werden. Gib eine Geschichte in den Raum, lass die Gegenstände sprechen, erzähle.

Diese Übung eignet sich gut in Gruppen, wo Langeweile aufzukommen droht. Sie zeigt, wie lebendig alle Dinge sind, und dass auch wir selbst mit unseren Gefühlen und Ideen alles zum Leben erwecken können. Alles kann Stoff für unser Erzählen und Schreiben sein.

Die eigenen Organe

Wir kommen nun vom Außenraum zum Innenraum und betreten dazu unseren Körper. Was, wenn wir unseren Organen Stimme verliehen? Wie würden sie sich artikulieren? Ich verweise auf eine Toninstallation zu einer Fotoausstellung, die ich mit „Innenkleid" betitelte, und in der Leber, Niere, Magen miteinander sprachen.

Versuche, den Organen entsprechende Stimmführungen zu verleihen und einen passenden Rhythmus! Vergegenwärtige dir die Qualität der Organe.

Bildimpulsübungen

Bei dieser Übung lasse ich die Kursteilnehmer Texte zu Bildern verfassen.

Wortimpulsübungen

Hier werden einzelne Worte als Ausgangspunkte für Texte verwendet.

Eine umgekehrte und schwierigere Version wäre, die Worte eben genau nicht verwenden zu dürfen, aber dennoch die Begriffe zu beschreiben.

Beispiele: Liebe, Blau, Katastrophe, Blut, Auto, Banane.

Satzimpulsübungen

Bei den Satzimpulsübungen wird jedem Teilnehmer ein eigener Satz gegeben, der im Rahmen eines Textes erscheinen soll.

Beispiele aus meiner Sammlung lauten:

Auf einmal war die Schildkröte verschwunden.
Die Treppe ächzte, als er sie betrat.
Es wurde dunkel und begann zu schneien.
Da wusste Trude, dass sie woanders hin gehen musste.

Weitere Beispielstexte

Die weiteren Textbeispiele stammen aus einer Schreibklasse mit schwer erziehbaren Kindern im Alter von sieben bis zehn Jahren und zeigen auf wunderbare Art und Weise auf, wie Probleme und ungeheilte Ich-Anteile in kreative Arbeiten einfließen. Die Rechtschreibfehler sind hier bewusst so gelassen, da sie meiner Meinung nach die Eigenständigkeit der Kinder repräsentieren.

Erzählungen

Der erste Text behandelt das Thema Angst und Gewalt. In der Figur des Bruders erscheint als eine kurze mögliche Hilfestellung, die sich jedoch wieder zurückzieht. Spannend und auffällig ist, dass hier ganz selbstverständlich mit Archetypen wie dem Drachen und anderen Bildern aus Märchen und Mythologie – wie Beispielsweise dem Weltuntergang – gearbeitet wird.

„Die gefährlichen Drachen
Es ist in der Nacht. Marcus geht in die Drachenhöhle. Auf einmal hört er ein Geräusch. Er schaut und schaut aber er sieht nichts. Vor seine Augen sieht er ein Drache.
Aber er hat sich getäuscht. Plötzlich kommen 5 Drachen in die Höle.
Die 5 Drachen zerfleischt den Marcus. Marcus wird in ein Grab gelegt. Der Bruder von Marcus geht auch in die Drachenhöle.
Der Bruder von Marcus mach die 5 Drachen tod.
Die 5 Drachen landen in der Höhle. Die 5 Drachen machen einen Welduntergang. Das alle Menschen tod werden.
The End."

Auch die nächste Arbeit setzt sich mit Themen wie Tod und Verlust auseinander, ist jedoch viel stärker an die Realität angebunden: Es geht hier um ein Meerschweinchen, also um Beziehung und Verlust. Wieder taucht ein Bruder auf, mit dem das Moment des „Sharings" erfahrbar wird: Beide Kinder trauern gemeinsam um das verlorene Tier.

„Schlüsselmoment
Ich hatte mal ein Meerschweinchen das aber starb. Es war schon sieben Jahre alt. Am Vortag war es stinklebendig es rante noch durch seinen Käfig und hießt Willi. Ich sagte: „Mama unser Meerschweinchen ist tot." Kevin mein Bruder war ganz entsetzt und sagte: „Warum er wurde erst sieben Jahre wiso so früh sterben." Dann gaben wir ihn in ein Sackerl und er blieb

> noch bis morgen, morgen gaben wir ihn noch Gras ins Sackerl und sangen ein Lied für ihn und sagten eine schöne und gute Reise für ein Leben und viel Glück für dein Leben. Dann brachten wir ihn zur Mur runter und schmießen ihn in die Mur hinein. Jetzt ist er irgendwo im nirgendwo. Und mein Bruder ist noch immer sehr traurig und hat manchmal anfälle und wir haben sehr viele Bilder."

Aber auch andere, fröhlichere Themen wie Liebe und Heirat beschäftigen die noch sehr jungen Menschen genau so und sind so Abbild ihrer Sehnsüchte und Wunschvorstellungen. Diese Autorin schreibt sich selbst ein positives Ende – was ein Zeichen dafür ist, dass wir durch kreatives Schreiben unsere Wünsche ein Stück weit verwirklichen können.

> „Liebe
> Es ist ein Mädchen das heist Monika wie war in einen Jungen verliebt. Der Junge heist Dorian. Eines tages trafen sie sich in der Schule sie gangen in die gleiche Klasse 3 Klass Haubtschule und zuerst gingen sie in verschiedene Klasse. Aber das hat sich jetzt geendert und Monika hat sich jetzt verliebt er hat sich noch nicht in sie verliebt. Er ladete sie einmal auf ein Eis ein natürlich war es klar, das er in sie verliebt war und er hatte sich ja auch auf einmal verliebt und er fragte sie ob er mit ihm gehehen will sie sagte natürlich ja. Und wie sie erwachsen waren heirateten sie.
> Ulala hübsches bar."

Tiere spielten schon in den ersten beiden Texten eine wesentliche Rolle. Auch der nächste Text handelt von einer Beziehung zwischen Mensch und Tier. Hier geht es um einen Igel, der ganz bestimmt auch als Archetyp oder Krafttier gesehen werden kann. Denn Igel sind außen stachelig und innen zart, sie können sich schützen und bleiben gleichzeitig in ihrem Kern das, was wir alle immer sind und bleiben: verletzlich.

„Mein erster Igel
Es war einmal bei meiner Oma.
Ich fand mit meiner Schwester
zusammen einen süßen Igel.
Er war total süß.
Ich nahm eine Schachtel legte
ihn in die Schachtel, und schliech mich
in mein Zimmer dass meine Mama
ihn nicht sehen konnte. Wir haben
ja 3 Katzen: Minka, Shiva und Jacomo.
Alle sind schon über 5 Jahre alt.
Es sind meine lieblings Katzen.
Aber jetzt zurück zu meinen
Igel wir hatten ihn in meinem
Zimmer unter meinem Bett.
Er war über die Nacht sehr
nervig, darum holte ich aus
der Küche noch ein Wasser und
Katzenfutter und am nächsten
Tag ging ich zur großen Wieße
und da hatte ich einen kleinen
Kübel mit in dem ich Würmer,
Schnecken und Insekten reingab und

dann wieder nach Hause ging.
Da wartete eine Böse Über-
raschung auf mich. Meine Mama
hat meinen Igel gefunden
ohhhohhh mein Igel Charlie.
Mama sagte: „Wo ist der den her
gekommen?“ Was ist passiert?“

Noch eine Geschichte – und nun wird dem den Leser/innen vielleicht klar, warum ich in meinen Schreibklassen gern mit Tierbildern arbeite – erzählt von einem Lebewesen. Der Vogel ohne Flügel ist hier eindeutig als Sinnbild für die Situation des jungen Mädchens zu verstehen: Die äußeren Umstände beschneiden einen, machen einen zum Opfer. Dennoch liegt in einem eine große Quelle an Kraftpotenzial: denn der Hauptdarsteller des Textes hat zwar keine Flügel, dafür aber einen großen Schnabel! Im Archetypen der Fee erscheint uns außerdem eine Quelle positiver innerer Kraft, die die momentanen Zustände verwandelt und auflöst. Die Geschichte von Kiwi ist ein modernes Märchen und zeigt, dass selbst Kinder, die in den ausweglosesten Situationen aufwachsen, einen Zugang zur Quelle der Kraft haben, denn am Ende ist man einfach froh und „genisst“.

„Kiwi der Vogel ohne flügel
Kiwi hat keine flügel, aber einen langen schnabel.
Eines Tages ging Kiwi mit einem Hammer
und einem Seil in den Wald
er dacht wenn ich keine flügel habe
dann nagel ich Bäume an einem
Vels fest und er macht es auch
er sprang hinunter und glaubte er

kann fliegen. Doch er wusste nicht
wie er stopen soll aber da sah er
einen LKW voll beladen mit
Federn weiß wie schnee
und er überlegte es sogar.
Nach ungefähr 4 Tagen kam eine Fee
und sagte für dass das du so
tapfer warst bekommst du deine
flügel. Und er gab nicht
an wie andere Kindr Vögel. Er war
einfach froh und genisste es einfach!
ENDE“

Noch ein Text, der sich stark mit den Thema Themen Angst und Flucht auseinander setzt, ist der Folgende. Der Junge phantasiert über die Figur eines Riesen, den er jedoch schließlich durch sein Springen und Hüpfen besiegen kann. Spannend ist hier auch, dass Verstecken nichts bringt, denn alles ist „zu groß“. Es gibt ja drei Möglichkeiten, auf schwierige Situationen zu reagieren: Verstecken, Ohnmacht und Flucht. Zuerst geht der Junge in die Flucht, dann versteckt er sich, letzten Endes aber gelingt es ihm, das Ganze spielerisch zu sehen: er springt über den Ball. So verwandelt er die Situation – und der Riese ist verschwunden.

„der rise
Ich rene dafon von einen
risen. Und der
rise heist Hubert.
Ich rene, und rene
bis ich nicht mer
konte. auf einmal

viel ich in einen
Blumentopf hinein.
und in einen
schtinke Schuh.
Und in die Badewan
hinein. Alles ist zu
groß für mich.
O,O,O, der rise kommt
zurück. Ich laufe
wider davon. Er holt
einen Ball herauf
von den Keller
er rolt in auf mich
zu. schbringen, und
rolen ist angesagt.
Der Ball ist weg. Und
der rise auch. so
lebte ich glücklich.
Ende."

Mit einem sehr alten Bild aus Märchen und Mythologie, dem des Brunnen, spielt der nächste Text. Aus dem Brunnen rufen unterschiedliche Tiere – hier Symbole für innere Anteile. Das Mädchen warnt den Jungen davor, zu trinken, das heißt in dem Fall, sich einzulassen, zu „identifizieren". Dieser tut es trotzdem – und wird in ein Schaf verwandelt. Dieser Text ist erstaunlich nah an dem klassischen Märchen, da er am Ende auch eine Moral transportiert. So hat er etwas Belehrendes: Horch auf deine Schwester!, ist die Devise. Die Schwester kann man hier auch als Sinnbild für einen Freund oder eine Freundin oder auch als ein Alter Ego verstehen.

„Es war einmal vor sehr langer Zeit zwei
Kinder die waren sehr arm. Sie Kommten an
einen Brunnen. Plötzlich schreit aus dem Brunnen
ia ia ia. Der Junge wil aus denn brunnen
tringen. Das Mädchen sagt nein nicht aus dem Brunnen
trinken. Warum nicht. weil sonst wirst aus ein essel.
Da gehen sie zu den anderen Brunnen.
Da schreit ein Gogelhan heraus.
bogbogbogbogbog.
Da will auch schon wieder der junge
aus dem Brunnen trinken. Nein nicht. Warum nicht.
Weil ein Gogelhan hraus geschrien hat.
Da gehen auch schon wieder an einen anderen Brunnen.
Da schreit ein Schaf heraus. MeMeMe.
Das Mädchen sagt nein nicht aus dem Brunnen trinken.
Mir reichts du alte Kuh ich trinke jetzt.
Der junge trinkt aus dem Brunnen.
Er wird aus ein Schaf.
Ich hätte doch auf dich horchen sollen."

Das Spiegelnde ist auch im nächsten Text wichtig. Der Text hört mit einer Frage auf, bleibt scheinbar in der Leere hängen und wirft uns auf uns zurück. Die Frage wird von einem Engel gestellt, eine Art höheres Selbst, auch ein Archetypus. Die Schwestern können als unterschiedliche Facetten des Ich, als unbewusste oder verdrängte Anteile gesehen werden. Der Engel ist insofern ein Retter, als dass er das Mädchen darauf aufmerksam macht, dass noch viel mehr Anteile in ihm schlummern als nur die eine Schwester – er weist das Mädchen darauf hin, es gäbe noch jemand anderen als Laila.

„Der Spiegel

Es war eine fünftklässlerin die hatte gerade Unterricht. Ihr Name war Tamara aber alle nannten sie Tamy. Tamara war eine sehr gute und nette Schülerin. Ihre Freunde und ihre Klassenkameraden waren
alle eigentlich sehr nett. Als der Unterricht endlich vorbei war, nahmen alle die Schulrucksäcke. Sie gingen wie immer
überglücklich,
dass wieder einmal der Tag in der Schule
vorbei war, hinaus. Als Tamy zu Hause angekommen war
und in ihr Zimmer ging, erschrak sie fürchterlich. Der Grund
dafür war, dass vor ihr ein Spiegel den sie erst gestern bekommen
hat ein Geist zu sehen war. Tamara hielt es für einen Engel. Es war auch ein Engel. Tamara lief aber nicht schreiend davon sondern blieb wie versteinert stehen und
schaute zum Engel. Der Engel schrieb etwas mit roter Farbe an den Spiegel: „Folge mir ich ziege dir wo deine verschwundene Schwester Laila ist.“ „Woher weißt du
das meine Schwester weg ist, und wer bist du überhaupt?“
fragte Tamy. Der Engel sagte: „Weißt du schon von einer anderen
Schwester namens Nina?“

War es im letzten Text der Engel, so ist der Archetypus der folgenden Arbeit ein Zauberer. In einer einfachen Beschreibung schildert der Junge, wie ein Zauberer den bösen Wald beschützt, sodass es friedlich und schön bleiben kann.

„Der Zauberer
Der Zauberer ist im bößen Wald.
Wenn ein Tier verletzt ist dann verzaubert es
das es wieder gesund ist. Das Tier kann wieder
laufen. Plötzlich kommt ein Jäger und
erschiet fast alle Tiere.
Es sind noch sehr wennig Tiere. im Wald.
Aber es worden immer mehr.
Der Jäger kommt nie wieder.
So bleibt alles friedlich und schön."

Dass Arbeit in unserer Gesellschaft einen zu großen Stellenwert hat, drückt der nächste Text aus. Aus Angst vor dem Krieg wird permanent gebaut, man darf nicht „drinnen schlafen", sozusagen nicht zur Ruhe kommen, muss permanent aktiv sein. Arbeit aber kann auch als produktives Mittel eingesetzt werden, wenn die Dosis stimmt. Sie kann helfen, dass wir unserem Leben einen Sinn geben. Haben die Bauarbeiter recht, wird die Arbeit irgendwann enden? Es bleibt ein Fragezeichen am Ende dieses Textes.

„Der Krieg und der Stein
Es war Nachmittag.
Alle Leute schauten in die Luft. Der Stein fliegt
vom Himmel herunter. Alle Flugzeuge kmpfen
gegen das andere Land. Der Stein kommt
immer Näher. Plötzlich explotiert die ganze Stadt.

Die Stadt schaut schreklich aus.
Das wird keiner richten könen.
Auffeinmal kommen zwei Bauarbeiter.
Sie bauen alles seher schnell auf.
Der Bauarbeiter sagt ihr könnt noch nicht drinnen schlafen. Warum nicht. Weil alles noch nicht vertig ist. Die Bauarbeiter bauen bauen und bauen. Aber es tauert sehr lange.
Schrie der Bauarbeiter.
Nach einer Woche kennen sie wieder drinnen schlafen
Da bleibt alles friedlich und schön. es pasierten niewieda
was."

Theatertexte

Auf überaus gesellschaftskritische Art und Weise gehen die Jugendlichen dieses Kurse für szenisches Schreiben mit dem mythologischen Thema „Weltuntergang" um:

„Volkstanz mit allen Darstellern; Dimension: Sinnlichkeit & Vielfalt. Tanz ist zu Ende. Bewohner lachen. 1 spricht italienisch, 2 amerikanisch, 3 Spanisch, 4 österreichisch, 5 „Deutschdeutsch", 16 mexikanisch und 7 russischen Akzent.

1 : Ach wie schön es ist, hier mit euch zu sein!

5: Ja, mir gefällt es hier auch ausgesprochen gut.

6: Es ist so schön hier mit euch zu sein, ich könnte mir nichts besseres vorstellen. La vie est belle.

7: Hier bei euch scheinen sich meine Probleme in Luft aufzulösen.

16: Da kann ich dir voll und ganz zustimmen, ich bin euch so dankbar für alles.

4: Bei eich füh i mi dahoam!

3 kommt mit der Gitarre und stimmt ein Lied an (Country Roads?). Urknall während dem Lied (Licht- und Toneffekte)

20: What the hell, what was going on?

4 kniet während den 4 Toten und weint

16: Giesela!
Was ist denn los mit dir?

4: Siehst du denn nicht?
O!
Und ach!

6: Was?
Die sind aber jetzt nicht von uns gegangen.
=der?

Alle vier weinen. Chaos- Stimmung. Die Toten werden von der Bühne gebracht

20: Jetzt hört doch auf zu weinen.
Sie sind tot, da kann man auch nichts mehr dran ändern.
Wir müssen alles neu aufbauen, also Du *(zeigt auf 6)* sorgst für Baumaterial, Du...

4: Entschuldigung? Aber wer sagt, dass du das Kommando übernimmst?

16: Ich wäre viel eher für eine Führungsposition geeignet.

6: Als ob?
Ich wäre der geborene Anführer.

4: Ähm Leute?
Seit wann streiten wir über so etwas?
Wir haben doch immer in Frieden zusammen gelebt?!

20: Hast du gerade nicht bemerkt was passiert ist?
Es ist nichts mehr, wie es einmal war!

6: Wenn es dir nicht passt, dann kannst du auch verschwinden.

16: Dann bin ich aber auch weg.

4 und 16 nehmen einige Sachen (Holz ect.) und wollen abhauen

20: Halt. Stopp. Das ist unseres.

4: Warum sollte das jetzt euch gehören?

6: Ihr wolltet aufbrechen!
UNSER Land!
UNSERE Ressourcen!
Frechheit!
Ehrlich!
Hände weg, sag ich!

16: Das glaubst du doch wohl selber nicht?
Wir haben bis gerade eben genauso in diesem Land gelebt!

20: Das ist der Punkt. Bis jetzt.

4: Und wie sollen wir uns deiner Meinung nach ohne jegliche Ressourcen etwas Neues aufbauen?

6: Eigentlich ist das ja nicht unser Problem. Aber bitte, nehmt euch ein paar Dinge und dann haut ab. Wir wollen euch hier nicht mehr haben.

16: *sarkastisch* Ja genau.
Und am besten zieht ihr noch eine Grenze hinter uns hoch.
Ha!

Dass wir euch nicht mehr stören können!
Ehrlich!

20: *ernst* Du wirst lachen, aber diese Idee hatte ich auch schon.
Das ist perfekte Lösung.

Ohne weitere Worte gehen die beiden „Gruppen“ in zwei verschiedene Richtungen ab.“

Auch im nächsten Text wird der Weltuntergang verhandelt. Wieder wird deutlich, wie wichtig Tiere jungen Menschen in ihren Schreib-Prozessen sind. Hier wird der Hase zu einem wichtigen Krafttier, das nicht nur sorgenvoll mit seiner Familie umgeht, sondern sich sogar aufmacht, um die ganze Welt zu retten:

Rettung für die Hasenwelt
Mümmel und Schlappohr sitzen in der Küche ihres Hauses.
Mümmel: Gut dass unser Sohn Häschenfelix schon schläft. Zurzeit herrscht ja Angst in der Hasenwelt.
Schlappohr: Es ist wirklich schrecklich dass die Menschen unseren Planeten besiedeln wollen.
(Häschenfelix lauscht aber heimlich)
Häschenfelix: *(zu sich)* Das ist ja fürchterlich! Ich muss mit meinem Freund Häschenpauli unseren Planeten retten!
Häschenfelix huscht über die Bühne zu dem schlafenden Häschenpauli und weckt ihn auf.
Felix: Pauli, die Menschen wollen unseren Planeten

besiedeln! Wir müssen etwas dagegen tun. Möchtest du mit mir gemeinsam unsere Welt retten?
Pauli: Natürlich, ich ziehe mir schnell den gemütlichen Pyjama aus und dann kann die Mission beginnen!
Felix holt eine Rakete und Pauli holt Werkzeug. Sie machen sich daran die Rakete umzubauen damit sie mit ihr fliegen können. Das dauert eine Weile.
Wird noch fortgesetzt!!!

Weitere Ängste, die jedoch wesentlich kleiner sind als die vor dem Weltuntergang, werden aber auch in anderen Texten verwandelt und besiegt. In der nächsten Szene ist es wieder die Figur der Schwester, die in Verbindung mit der Protagonistin tritt und ihr zur Hilfe kommt, sie vor ihrer Flugangst mit der Kraft des Spielerischen, des Nachspielens, befreit:

„Geschwister: Lisa,Marie,Olivia sitzen auf der Couch und lesen Zeitung.
Olivia: Schaut mal ein tolles Haus in Amerika.
Lisa: Das ist wirklich schön!
Marie verunsichert: Naja wie kommen wir da hin?
Die anderen im Chor: Wir müssen fliegen!
Zusammen beschließen sie nach Amerika zu fliegen.
Da fällt Marie ein: Ich habe doch so große Flugangst! Was ist wenn wir abstürzen?
Lisa. Komm schon! Keine sorge es passiert dir nichts.
Olivia: Komm wir spielen Flugzeug!
Marie: OK (bauen Sessel auf und führen Marie hinein.
Marie zitternd: Und was jetzt? Hebt das Flugzeug ab?
Die Anderen: Ja!

Schließlich überreden sie Marie.
Gleich darauf rufen sie ihre Eltern an und sagen:
Wir ziehen nach Amerika!
Eltern: Das ist ja toll wir kommen morgen zur Verabschiedung!
Nächster Morgen Eltern: Tschüss wir werden euch vermissen!
Mädchen: Wir euch auch!“

Mit märchenhaften Elementen wie der Regenbogenbrücke, die es in der germanischen Mythologie übrigens tatsächlich gibt, mit Menschen, die sich singend unterhalten und der magischen Welt eines fremden Planeten spielt der folgende Text:

Personen: Lee, Sam und Sierra
Ort: Planet Meillon
Ein grelles Licht erscheint und ein Lee kommt heraus. Lee schaut sich um und bemerkt, dass er in einem Wald ist. Er schaut verwirrt hin und her und ein Licht blendet ihn. Er sieht von weitem eine kleine Stadt. Steht auf und bewegt sich zur Stadt hin. In der Stadt angekommen traut er seinen Augen nicht. Menschenähnliche Gestalten haben vor ihren Gesichtern einen Schleier und bewegen sich alle rückwärts. Sam und Z kommen näher und reden miteinander. Lee stößt ungewollt gegen eine Gestalt, zuckt zusammen und dreht sich um und rennt weg und genau in die Arme von Sam.
Sam empört (singend): Was glaubst du was du da machst?!
Lee: Entschuldigung das war keine Absicht!

Sam schaut verdutzt und sagt zu Sierra (singend): Verstehst du diesen Raufbold?
Sierra (singend): Nein du?
Sam (singend): Nein
Sie schauten sich gegenseitig fragend an, versuchten mit Hände und Füße sich mit Lee zu kommunizieren, doch nichts klappte. Lee grinste über die Versuche der 2 und überlegte wie man sich doch miteinander unterhalten könnte. Plötzlich kam ihm der blödeste und doch der simpelste Gedanke. Er stellte sich vor den 2, die langsam keine Ideen mehr hatten und langsam verzweifelten. Lee schloss seine Augen. Er atmete tief ein und aus und mit einem öffnete er seine Augen und sprach singend zu Sam und Sierra: Versteht ihr mich jetzt?
Sierra und Sam überrascht und gleichzeitig im Chor (Singend): Ja wir verstehen dich! :D
Sam (singend): Warum hast du das denn nicht gleich gesagt? Wir hätten uns dieses komische Getue sparen können!
Lee (singend): Tut mir leid, aber auf unserem Planeten ist es ungewohnt sich singend zu kommunizieren.
Sam und Sierra (singend): Was meinst du mit „singen", wir singen doch gar nicht!
Lee (singend): Doch, das tut ihr. Menschen REDEN miteinander und singen nicht ohne Grund!
Sam (Singend): Das ist ja merkwürdig!
Lee murmelt: Für euch ist das merkwürdig, aber nicht für mich…
Lee(singend): Wisst ihr wie ich wieder nach Hau-

se komme? Ich habe Heimweh und meine Schwester wartet alleine auf mich…
Sierra (singend): Wie bist du eigentlich zu uns gekommen?
Lee (singend): Ich weiß es nicht... Ich bin gerade noch bei der Regenbogenbrücke vorbeigegangen, als ich plötzlich keinen Untergrund mehr spürte und das Bewusstsein verloren habe. Im nächsten Moment bin ich aufgewacht und bin von einem grellen Licht umgeben gewesen. (Pause) Ich sah etwas Grünes und bin dem nachgegangen und plötzlich fand ich mich im Wald wieder, wo darauf ich eure kleine Stadt sah und hierher gegangen bin.
Sam (singend): Oh! Ich weiß von wo du bist! Du bist ein Meslowa (Mensch) und wohnst in der Dimension Zydrax (Erde) und bist mit der Regenbogenbrücke in unser Systral (Planet) gekommen. Ich weiß wie du wieder zurückkannst und zwar: Nimm Sierra ihre Hand und sing dreimal „Trallala ich pfeif drauf ja“ und du musst einen Regentanz währenddessen aufführen.
Gesagt getan und dann kommt eine kleine pinke Scharaschni (Wolke) und bringt Lee wieder auf die Regenbogenbrücke.“

Im nächsten Text wird der Archetypus der Fee verbunden mit dem mordenden Roboter. Alle Archetypen entlarven sich jedoch letzten Endes als „Masken“ – denn alles ist nur ein Spiel. Der Text zeigt auf wunderbare Art und Weise, wie spielerische Elemente es ermöglichen, in Distanz zu treten und dabei Humor und Freude zu entwickeln. Eine surrealistische Textarbeit:

„Roboter und Feen
Roboter und Feen treffen auf einer Lichtung zusammen und es kommt zum Streit.
Roboter: Wir haben keine Zauberstäbe und kein fruchtbares Land. Gebt uns beides und ihr werdet verschont, wenn nicht werdet unsere Sklaven.
Feen: Nein, wir werden eure Wünsche nicht erfüllen. Ihr seid selbst an eurem Unglück Schuld.
Roboter: Na wartet, wir kriegen euch. Ihr… ihr (rasten aus und ziehen Schwerter)
Da taucht Elvira die Anführerin der Feen auf.
Elvira: HALT, was gibt es hier zu streiten? Verlangt ihr wieder Land und Zauberstäbe?
Roboter herablässig: Was sonst, du stinkendes Bleichgesicht?
Elvira macht ein Zeichen und alle Feen ziehen gleichzeitig schreckliche Masken aus ihren Taschen und geben fürchterliche Geräusche von sich.
Roboter: Ahhhh, Hilfe die Feen verwandeln sich in Monster!
Roboter laufen von der Bühne.
Elvira lachend: Unser neuer Trick hat wirklich funktioniert. Bin gespannt wann die drauf kommen dass es nur Masken waren!“

Besonders spannend ist der nächste Text, in dem Kinder vor der Geburt ihr Geschlecht wählen dürfen. Denn tatsächlich gibt es Urvölker, die meinen, dass wir uns unseren Körper vor der Geburt selbst aussuchen. Auch der Archetypus des Engels tritt hier auf. Die Frage, ob eine gemeinsame Reise, das Zwilling-Werden, möglich ist, bleibt offen. Ist der eine bereit, für den anderen zu verzichten? Worum geht es im Leben: Darum, das zu bekommen, was man will, oder darum, nicht alleine zu sein? Eine sehr philosophische Szene, die die Tiefsinnigkeit eins elfjährigen Mädchens erfahrbar macht:

„Szene 1 :

15 und 16(schwarz gekleidet) kommen in den Raum wo der Engel ist.
20 (als Engel verkleidet) sagt (fröhlich) : Jede 100 Jahre werden 2 Kinder auserwählt, dieses Mal habt ihr Glück. Als 1 dürft ihr auswählen welches Geschlecht ihr sein wollt.
15 (fröhlich und stolz): Ich weiß es schon genau.
16 : Ich natürlich auch, ich will ein Mädchen sein ! (fröhlich)
20: Und was willst du sein (schaut auf 15)?
Kind -1 (stolz) : Ich will auch ein Mädchen sein!
20: Es tut mir Leid, es kann immer nur ein Mädchen und ein junge erschaffen werden.
15 : Diese 100 Jahre werde ich ein Mädchen sein !
16: Nein, das wirst du nicht!
15 : Kann es nicht eine Ausnahme geben?
20: Nein, sonst werden andere 2 Kinder gewählt.
(KURZE STILLE)
20: Außer....
15-2 (fröhlich) : Außer ?!
20: Ihr werdet Zwillinge !
15: Was ?!!
16 (schaut geschockt und sagt nichts)“

Um einiges gebildeter und weniger spielerisch geht die etwas ältere Gruppe mit der Vorgabe, einen szenischen Text zu schreiben, um. Lerninhalte in Bezug auf Heinrich Mann werden hier offenbar in einem Text verarbeitet:

> „Heinrich Mann und die Vögel
>
> Heinrich: Jetzt zwitschern die blöden Viecher schon wieder die ganze Zeit herum! Können die nicht einmal aufhören?!
>
> Erika: Sei doch nicht so hasserfüllt! Es ist doch auch entspannend hin und wieder dem Zwitschern der Vögel zu lauschen in den Arbeitszeiten.
>
> Heinrich: Aber Erika! Du verstehst das nicht! Sie bringen mich in den Wahnsinn! Das muss ein Ende haben! Jahr für Jahr setzen sie sich auf die Fensterbank und zwitschern aufs neue los .Ich wird noch verrückt!
>
> Erika: Das bist du doch schon längst! Versuch doch sie zu verstehen! (jetzt freundlich) Ja mach das !
>
> Heinrich: Meinst du wirklich! Nun ja schließlich mag ich sie schon fast mein ganzes Leben nicht.
>
> Erika: Aber ja! Versuch doch mit deinem Audioaufnahmegerät den Gesang der Vögel zu speichern. Auf eine CD oder so.

Heinrich: Aber natürlich! Ich , Heinrich Johannes Lukas Brözner werde es schaffen mit den Vögeln zu kommunizieren! Ich werde sie auch regieren !regieren!

Erika: Das letzte wird nicht passieren aber sonst…

Heinrich ist schon verschwunden, um seinen Plan fortzusetzen."

Warum?

Wenn ein Mensch gerne schöpferisch tätig ist, so stellt sich die Frage des „Warum" erst nach dem kreativen Akt. Aus dem Grund soll die tiefere Sinnhaftigkeit von Schreibklassen auch erst hier am Ende des Buches thematisiert werden. Anbei eine kurze Erklärung, warum ich diese Arbeit eigentlich betreibe:

Einerseits bin ich natürlich durch die Umstände – Martin Orth von der Jugendliteraturwerkstatt Graz trat an mich heran, später wurde ich gefragt, ob ich auf der Schreibpädagogik Wien erste Kurse halten wollen würde – hinein geschlittert. Ich selbst hätte mir als junger Mensch auch eine Schreibklasse gewünscht, aber in Wien gab es damals keine Angebote und so brachte ich mir alles, was mit Literatur zu tun hatte, während meiner Zeit im Gymnasium selbst bei. Eine Schreibklasse hätte mir sicher schon früher gutes Handwerk ermöglicht. Auf diese Art und Weise jedoch lernte ich, diszipliniert zu sein. Dadurch, dass ich heute als Mentorin für viele junge – und auch ältere – Menschen arbeiten darf und kann, gebe ich dem inneren Jugendlichen von damals in mir auf gewisse Art und Weise zurück, was er sich gewünscht hat. Gleichzeitig lerne auch ich immer wieder unglaublich viel, denn jeder Kurs, jeder Mensch, jeder Text jedes Menschen ist einzigartig und unwiederholbar. Durch den Austausch in der Gruppe, zu der ich gehöre, denn während der Feedback-Phase bin ich gleich wichtig und nicht wichtiger als alle anderen und nehme bewusst nicht mehr Raum ein als notwendig, lerne ich immer eine Menge über andere Denk- und Erfahrungsweisen. Immer wieder bin ich erstaunt zu sehen, wie schöpferisch und kreativ jeder Mensch sein kann, wenn man ihm Raum lässt, sich zu entfalten. Ich würde auf keinen der gehörten oder gelesenen Texte verzichten wollen, weil sie alle mir viel über mich und meine Denkweisen gesagt haben. Gleichzeitig ist mir noch nie ein kreativer Text begegnet, den ich als wertlos betrachtet hätte – im Gegenteil, alle Arbeiten bereichern und erfüllen mich. Ich lerne darin die Stärken meiner Schreibenden kennen und versuche, sie weiter zu führen, sie gegebenenfalls da zu kritisieren, aber auch zu loben wo ich das Potenzial zu wachsen sehe. Meine Erfahrung ist die, dass jeder Mensch den Zugang zu einer Fülle an schöpferischen Kräften besitzt. Wenn wir alle lernen, unser kreatives Potenzial richtig zu verwenden und einzusetzen kann das nach und nach unsere Gesellschaft verändern, sodass wir füreinander Verantwortung übernehmen und alle ein Stück weit fröhlicher und erfüllter werden können.

Anhang

Danksagungen

Ich danke Petra Ganglbauer für die jahrelange Schulung, das Mentoring und die Freundschaft.
Ich danke Markus Jaroschka von den *Lichtungen* für seine menschliche Haltung.
Ich danke Cornelia Dinsleder und Corinna Pummer für ihre kreative Kraft.
Ich danke Martin Orth für sein Vertrauen.
Ich danke Barbara Rieger und Hannah Sideris für ihre Schwesternschaft.
Ich danke Corinne Eckenstein für ihre Kraft und Hartnäckigkeit.
Ich danke Simone Rupp für ihre körperliche Intelligenz und ihren Wagemut.
Ich danke Jörg Bitterich für seinen liebevollen Umgang und Humor.

Quellenverzeichnis

Einzelpublikationen

Manfred Brauneck: Die Welt als Bühne. Geschichte des europäischen Theaters. Metzler, Stuttgart 1993, S.10f.

Isidore Ducasse: Das Gesamtwerk. Die Gesänge des Maldoror; Dichtungen (Poesies); Briefe. Rowohlt, Reinbek 1988.

Eugen Gomringer: Visuelle Poesie. Reclam Verlag, Frankfurt 2017. Workshops

Markus Jaroschka: Projekt Lebenswege. Eigenverlag, Graz 2014.

Corinna Pummer: „Schlüsselmomente". TG Steiermark, Graz 2012.

Sammelhandschriften

„Jenseits des Lustprinzips": Sigmund Freud. In: „Gesammelte Werke" Band 3, S. Fischer Verlag, Frankfurt 1987.

„Kabbala und Schrift". Wilhelm Schmidt-Biggeman. In: Schrftbildlichkeit, hrsg. von Sybille Krämer, Eva Cancik-Hirschbaum, Rainer Totske. Band 1. Akademie Verlag, Berlin 2012, S.183f.

Quellen aus dem Internet

https://de.wikipedia.org, Stand vom 15.1.2015

http://www.stimmlabor.de/pdf/vortrag-klang-und-heilung.pdf,
Stand vom 17.12.2016